民法相对于商法的备位性

私法二元体系的教义学建构

施鸿鹏 ● 著

知识产权出版社
全国百佳图书出版单位
—北 京—

图书在版编目（CIP）数据

民法相对于商法的备位性：私法二元体系的教义学建构 / 施鸿鹏著 . —北京：知识产权出版社，2022.8

ISBN 978-7-5130-8263-1

Ⅰ.①民… Ⅱ.①施… Ⅲ.①民法—研究—中国②商法—研究—中国 Ⅳ.① D923.04

中国版本图书馆 CIP 数据核字（2022）第 140217 号

策划编辑：庞从容　　　　　　　　责任校对：潘凤越
责任编辑：赵利肖　　　　　　　　责任印制：刘译文

民法相对于商法的备位性
——私法二元体系的教义学建构
施鸿鹏　著

出版发行：知识产权出版社有限责任公司	网　　址：http://www.ipph.cn
社　　址：北京市海淀区气象路 50 号院	邮　　编：100081
责编电话：010-82000860 转 8725	责编邮箱：2395134928@qq.com
发行电话：010-82000860 转 8101/8102	发行传真：010-82000893/82005070/82000270
印　　刷：北京建宏印刷有限公司	经　　销：新华书店、各大网上书店及相关专业书店
开　　本：880mm×1230mm　1/32	印　　张：5.875
版　　次：2022 年 8 月第 1 版	印　　次：2022 年 8 月第 1 次印刷
字　　数：140 千字	定　　价：68.00 元

ISBN 978-7-5130-8263-1

本书获得 2020 年度上海市哲学社会科学规划青年课题"《民法典》视野下商事审判的原理与技术研究"(项目编号:2020EFX002)资助

序

在大陆法系国家，围绕民商关系的争论是永恒的话题，对它的回答直到今天依然纷纷扰扰。这一问题本身宏大而艰深，不论对于民法学者还是对于商法学者，都是需要直面的难题。如何厘清复杂的民商关系，捕获民商关系最为深刻的要旨，意义非常重大。

施鸿鹏博士的《民法相对于商法的备位性》就是这样的作品。在该书中，其凭借扎实的法学功底，优秀的抽象思维能力，提出了原创性的见解。该书以民商关系为研究对象，实质上讨论了在折中式民商合一的立法体例下，如何体系化地建构商法学说，解决司法实践中的法律适用困境问题。这个问题在大陆法系的不同国家都已经大量讨论，在很多民商分立的国家，民商关系很大程度上通过立法得到了解决。对于我国的民事立法而言，我们很难通过比较继受的方法来完成商法的知识体系搭建工作。在《民法典》施行的背景下，讨论民商关系更具有特别的意义。

在传统的商法学说中，商法的体系建构或基于商主体，或基于商行为，或两者适度协调中和。但是，瑞士、意大利等国的私法立法以及民国时期我国的立法，均以社会趋势、私主体平等、商总碎片化、民商界分困难而联系更多等现实考量为由，走上了不同类型的民商合一立法体例道路，并大体上为我国改革开放以来的民事立法所认可。在这样的背景下，商法是否仍然有独立存在的价值就成了首要问题。基于此，《民法相对于商法的备位性》在完成了开篇的问题意识阐述与背景介绍之后，即援引大量史料，综述了民法与商法的历史与当代的关系，具有很强的迫切性与统领全书的方向性。在此基础上，作者进一步论述了《民法典》立法背景下商事法律关系的认定标准，论证并提出了间接通过客体意义上的企业经营组织、直接通过企业经营者的方式来认定商事法律关系的方案，对此前研究所缺失的方法论正当性以及商事法律关系认定中的过度形式化等问题予以了回应，形成了较为清晰的判断依据。最后，本书从法源角度对于商法法律发现中的法源及漏洞填补问题作了有益的探讨，补充了法源学说的内容，强化了商事裁判的技术方向。这样，本书就从总体上对商法的体系建构与法律适用作了总论性的探讨，能够为将来商法学的进一步研究提供可能的指引。

施鸿鹏于 2012 年在浙江大学法学院完成了本科学习，并开始在我的指导下直接攻读民商法的博士学位。在这期间，他留学德国慕尼黑大学两年。在长达六年的博士生涯中，他勤奋学习，志愿无倦，不断夯实私法的知识基础，扩展学术视野，对民法与商法都加以关注、钻研。2015 年，他在《法学家》发表关于自然债务的论文；2017 年，他撰写的关于民商关系的论文在《法学研究》发表，这些成果体现了他突出的学术能力。2018 年，他入职复旦大学法学院之后，热情教学，痴心科研，获得学生与老师们的好评。

作为曾经的指导教师，最开心的莫过于看到自己学生的成长。因此，在本书即将付梓之际，我欣然为他作序，将本书郑重介绍给学界同人。

梁上上

2022 年 7 月 20 日

于清华大学廖凯原楼

目录

第一章 绪 论

第一节 问题意识

阿尔伯特·爱因斯坦曾经说过这样一句话："毋庸置疑，所有理论的终极目标均不过在于用至为简明的基本要素描述现有经验，而无损对该经验的充分阐述。"[1] 之所以援引爱因斯坦的这句陈述，是因为法教义学的其中一个功能也在于使现有法学理论变得更为清晰、简明，从而有利于法学知识的传播。[2] 以往，人们总是说，民法是私法的一般法，商法是私法的特别法；当特别法没有特别规范的时候，就应当适用一般法的规范。后半个分句作为法律适用的逻辑标准，显然是满足"简明"的要求的。但是，这个分句同样是有迷惑性的：如果人们将特别法理解成一个包含其自身法源、原则与规则的完整的法体系，则人们大可对该分句的前半部分大做文章，从而解决特别法上的特殊问题；如果人们将对"特别法"的理解局限于制定法，则此时不仅包含了对制定法的过度信任，也否认了特别法领域的法的续造的必要性，至少从方法论上来看，就已是十分可疑，更遑论这样的理解与作业势必将会对商事司法实践产生诸多弊端。但人们可能恰恰是在后一种意义上理解上述法律适用的诫命的。这不仅可以在诸多制定法

---

[1] Albert Einstein, *On the Method of Theoretical Physics*, 1 Philosophy of Science 163–165（1934）.

[2] Vgl. Rüthers/Fischer/Birk, Rechtstheorie mit juristischer Methodenlehre, 7. Aufl., 2013, S. 196ff.

的文本之中找到蛛丝马迹，也可以在学者的论述中看到这种倾向性的观点。❶例如，人们通常会认为，在存在商法典的国家，商法典若无特别规定，则备位性地适用民法典的一般规范。❷事实上，无论如何理解，对于民商合一的国家而言，在民事、商事规范属性方面的识别可能是一项遥远、持续的学术与司法实践工作。商法是特别法，民法是一般法，当商法缺乏特别规定时适用民法的规定——这一法律适用规则在很大范围内是可以得到证立的。唯其推而广之，视为定则，则说明传统私法理论一直以来在很大程度上都是在理论基础未得到全面检视的前提下以实用、经验主义的方式解决着现实问题。传统私法理论在这个问题上当然不乏分析性创建，但是这种经验判断的痕迹依然俯拾即是。因此，对于特别法与一般法的关系问题，现有的表述可能不仅失之简单，在笔者看来，还有沦为谬误之虞。

日本商法学者松波仁一郎曾适切地指出："又云商法为特别法，非民法之例外法，而从此所生之实益，在于遇有于商法无适切规定之际，能研究商法之精神，参照类似之规定。至不论如何，亦于商法无所据，乃始观民法。若为例外法时，则于其法无规定者，直可即观原则法。而例外则称为应严格解之者，不可不慎类推之解释。此其差异，常解释商法之际，应须注意者也。"❸

---

❶ 从比较法上看，理应得到共识的备位性原理在立法中的表述是有差异的。有的纯粹表达了特别法与一般法在法律适用上的逻辑结构，且至少从文义上看，认同一般法在特别法阙如时的补充适用地位，如我国台湾地区"动产担保交易法"第 3 条规定："动产担保交易，依本法之规定，本法无规定者，适用民法及其它法律之规定。"《西班牙商法典》的结构也与此类似，其第 2 条规定："商法是特别法，民法是一般法。当不存在商法的特别规则时，适用民法的规定。"

❷ 参见［日］落合诚一：《公司法概论》，吴婷等译，法律出版社 2011 年版，第 11 页；Wolf/Neuner, AT des Bürgerlichen Rechts, München: C.H.Beck, 2012, § 6 Rn. 11.

❸ ［日］松波仁一郎：《日本商法论》，秦瑞玠、郑钊译述，中国政法大学出版社 2005 年版，第 10—11 页。

原本这一有关特别法的论述足以廓清现有的一般法–特别法论述，唯目前的一般法–特别法论述并未对此加以吸收。例如，民法学者曾认为："民法不仅是在没有特别法之处具有正当性的法，而且还具有另外一个侧面，即构成这些特别法的基础，为特别法的内容指明方向。"❶ 因此，笔者为避免误会，在本书中试图用"备位性"（德文为 Subsidiarität，英文为 Subsidiarity）这一概念来阐述并梳理民法与商法的关系。两者的差异在于，当我们适用"一般法–特别法"这一关系术语时，它不仅描述了两种法律部门之间的依从关系，同时指向一种法律适用上的默认逻辑关系。但是，"备位性"不具有法律适用上的指示功能，从而可能更能避开错误适用的陷阱——它至少从语义上提示人们注意特别法的内容问题。

"备位性"在法源理论、宪法诉讼及特别法规则（*lex-speciais-Regel*）等领域都得到了广泛使用，如 19 世纪之前罗马法作为共同法（*ius commune*）相对于国家法的备位适用，宪法诉愿中穷尽其他救济手段的要求，以及笔者所要探究的民法规范在商事案件法律适用中的备位性。它本身有补充性、补足性的意思，但又常常蕴含着穷尽特别规范或者特别救济的要求。❷

然而总地来说，在此处给"备位性"下一个完整的定义既是困难的，也是徒劳的。如果一定要明确这一术语在民法与商法的关系语境下具备何种含义的话，那么只能说它充分承认受特定目的与法律原则所支配的（广义）商法作为特别法的规范性内涵，

---

❶ ［日］山本敬三：《民法讲义Ⅰ：总则》，解亘译，北京大学出版社 2004 年版，第 8 页。

❷ 当然，特别法规则有两层含义：一方面，在涉及法典的总–分结构时，分则的内容也会被当作特别规范来加以对待。例如，买卖合同章中涉及的合同解除特别规定，与合同法总则中的合同解除规则。另一方面，商法、消费者契约法、劳动法等具有特定目的与内在体系的法律部门相对于一般私法而言也构成特别法。

并因此而具有相对于一般私法的优先性。而至于此种备位性结构在私法体系内究竟如何展开，则是本书论述所要解决的问题。

第二节　讨论背景

在民法与商法关系问题的研究上，首先需要厘清两个层面上的法律问题：其一，实证法意义或者说形式意义上的民商关系；其二，体系或者说实质意义上的民商关系。❶ 在奉行法律实证主义的学术背景下，民商关系的这两个层面有时候被学者混为一谈，由此便构成了许多误会的根源，而且，越脱离实证法形成的时代，这种误会就越深。尽管笔者的讨论原则上仅限于第二层意义上的民商关系，但是考虑到两个层面的议题之间的交互影响，仍有必要就其各自源流予以考察和说明。

一、实证法意义上民商关系的历史考察

实证法意义上的民商关系，即民法与商法在法典表现形式

---

❶ 张谷教授在论述商法的独立性问题时，曾实质性地论及此处所论述的两种意义上的民商关系之外的第三种意义上的民商关系，即学科意义上的民商关系（"商法学的独立性"）。参见张谷：《商法，这只寄居蟹——兼论商法的独特性及其特点》，载《清华法治论衡》2005 年第 6 辑，第 4 页。但正如张谷教授所言，学科意义上的民商关系其实涉及的是"以法律体系中的商事法律规范为对象的法学知识的教学安排问题"，它以形式、实质意义上的民商关系理解为基础，本身很难反过来影响后者（虽然一定程度上必然存在对法科生观念上的影响）。因此，笔者不将其列为此处需要独立出来并予以探讨的民商关系面向。

上究竟遵循私法一元论还是私法二元论（在民法典之外另设商法典），无论在中国还是在欧陆，都有悠久的探讨历史。

就我国而言，现有民事立法所采折中式民商合一体例，查其渊源，远绍瑞士、意大利及苏联民法之传，固无疑问。❶但就我国近代以来整个民事立法史来看，民商合一之肇端则在民国立法。

（一）我国实证法意义上民商关系的源流

北洋政府虽曾于 1914 年厘定《商人通例》，唯其内容以商事登记、商号等规则为主，于商事交易法则并无置喙，因此对于后世制定民法典，并无实质影响。国民政府在制定民法典的过程中，对民商合一起关键作用的是胡汉民、戴传贤、王宠惠等委员在有关编订民商统一法典的审查报告书中缕陈的八项理由：其一，因历史关系而认为应订民商统一法典；其二，因社会进步而认为应订民商统一法典；其三，民商合一无碍商事立法之改良与国际趋同；其四，基于各国立法趋势而认为应订民商统一法典；其五，以职业平等而认为应订民商统一法典；其六，商行为之认定复杂而应订民商统一法典；其七，商法编订体例原无定法，商总已无从贯穿商法之全体；其八，民、商关联甚多，适用

---

❶ 正如梅仲协先生在评论《中华民国民法》时所言："现行民法，采德国立法例者，十之六七，瑞士立法例者，十之二三，而法日苏联之成规，亦尝撷取一二，集现代各国民法之精英，而弃其糟粕，诚巨制也。"梅仲协：《民法要义》，中国政法大学出版社 1998 年版，第 1 页。德国私法素来主张民商二元，唯瑞士私法于 1855 年《苏黎世私法法典》（das zürcherische Privatrechtsgesetzbuch）（该法典由瑞士私法学者 Bluntschli 教授起草，其体系结构接近民法，但是商人的特别规范也一并订在债法部分，民商由此融合）首倡私法一元主义以来（Vgl. Peter Raisch, Geschichtliche Voraussetzungen, dogmatische Grundlagen und Sinnwandlung des Handelsrechts, 1965, S. 67.），其体例便对 1929 年《中华民国民法》产生了深远影响。

上难以分而处之。❶ 该见解证成立法上民商合一之可能性，条分
缕析，固有可资赞同之处。❷ 不过，国民政府的民事立法虽然借
鉴了瑞士私法有关民商合一的做法，但两者的不同之处仍然存在：
瑞士私法至今依然主张高度的民商合一，其民法典不仅包括大量
商事交易制度，还包括了商事组织法的大量内容；国民政府的民
事立法则采纳了"折中式民商合一"的方案，即在民法典之外，
不另设商法典，但关于商事特别法之内容，则仍订独立的特别
法典。❸

　　虽然我国自 1986 年以来的民事立法踵武前贤，事实上同样
赓续了折中式民商合一的体例。但是，可否认为，这种立法体例
的形成是受国民政府时期的法学思想影响下的有意识、有计划的
立法工作的产物？笔者的见解是，或许在思想渊源上，民国时期
的立法经由民国时期所培养的法学家在 1986 年以来的民事立法

---

❶　参见谢振民编著：《中华民国立法史》，中国政法大学出版社 2000 年版，第 758—
　　760 页。

❷　纵然对此立法上之合一见解，亦不乏反对声音。例如，日本民法学者我妻荣教授曾
　　就《中华民国民法》债编之民商统一立法提出反对见解，就审查报告书所列八项理
　　由切中肯綮地逐一加以反驳，并认为："如前揭审查报告书言，所谓商民二法合一
　　主义乃世界立法、学说之最新动态者，虽略有过言之嫌，然时代若倒退数年，亦未
　　必竟至谬误。可惜，时至今日，万难再言合一主义乃有力之说，非独如此，即便谓
　　其全然已为落后之旧学说，恐亦不为过。便如意大利之福沃方特等合一论之宿将，
　　自 1925 年以来亦改弦易辙，反倡分立主义。如此，则该审查报告书所谓合一主义
　　乃无可争辩之新趋势，中国亦不应反之而独行云云，至少不可不谓已与最新之事实
　　相悖。新学说之倾向，简言之，乃探寻商法之特殊性质，率直承认其别于一般私法
　　之原理者也。既而，民商二法典分立主义，作为其理论之基础，亦自然得以确立。"
　　参见［日］我妻荣：《民法第二编债权制定的沿革及其民商法统一主义》，张巍译，
　　载"北大法律信息网"，法宝引证码：CLI.A.03251，http://article.chinalawinfo.com/
　　ArticleFullText.aspx?ArticleId=3251&listType=0，2018 年 1 月 10 日最后访问。

❸　对此可参见张谷：《民商合一体制对民法典合同编的要求》，载《北航法律评论》2016
　　年第 1 辑，第 84 页。亦有学者称之为"相对式民商合一"，其义相同。参见施天涛：
　　《民法典能够实现民商合一吗？》，载《中国法律评论》2015 年第 4 期，第 24 页。

中产生过影响，但是更为基础性的影响应当来自苏联的民事立法和民法学说，以及制定民法典的实际困难。

诚然，大陆的民法学说晚近以来受台湾地区影响很多，但是，早年由于意识形态上的纷争，在新中国成立以后，对台湾地区法学学说的研究一度无人问津。时至20世纪80年代末，依然有学者主张移植香港的民商事法律制度；直到1988年10月7日，北京大学举办"海南、香港、台湾法律学术研讨会"上，谢怀栻先生提出"法律学台北"，主张加强对台湾地区的法学研究之后，对台湾法学学说的继受才开始起步。❶ 可见，台湾民法学的学说思想与立法模式并未对大陆当时的民事立法工作中的民商合一取向产生直接的影响。

早年的民事立法工作中，首先是顶层设计上就将全民所有制单位、集体所有制单位、个体单位和个人之间的经济关系看成民法的基础❷，这种见解不能不说没有苏联民法学说的影响。后者认为："民法作为苏联社会主义法律的一个部门，是根据平等原则调整以商品货币形式出现的财产关系和与财产关系有关（也有些无关）的人身非财产关系的法律规范的总称。"❸ 此处的财产关系，不仅包括民事法律关系，也包括"社会主义组织在进行生产、建

---

❶ 参见谢怀栻：《应该研究台湾的民商法与经济法》，载《谢怀栻法学文选》，中国法制出版社2002年版，第156—157页；张谷：《写在〈民法总则讲要〉的前边》，载谢怀栻：《民法总则讲要》，北京大学出版社2007年版，第25—26页。

❷ 参见彭真：《在民法座谈会上的讲话》，载《彭真文选（一九四一——一九九○年）》，人民出版社1991年版，第422页。

❸ ［苏联］B.格里巴诺夫、C.M.科尔涅耶夫：《苏联民法》（上册），中国社会科学院法学研究所、民法经济法研究室译，法律出版社1984年版，第23页；另见，《苏联民法纲要和民事诉讼纲要》，中国科学院法学研究所译，法律出版社1963年版，第3页（该书无著者说明，原因可能在于该书是根据苏联1961年12月10日《消息报》译出的）。

筑、交通、商业和其他经济活动中，与其他社会主义组织或公民之间会发生"的各种财产关系。❶

与今日的《俄罗斯联邦民法典》不同，苏联的民商合一比较接近瑞士、意大利的体例模式，1922年的《苏俄民法典》还包括了有关合伙、无限公司、两合公司、有限责任公司和股份公司的规范❷，只不过1964年《苏俄民法典》考虑到当时苏联已经建成发达社会主义社会，所以前述有关公司的规定才被公民间或社会主义组织的联合活动所取代❸。这一立法模式并未完全为我国民法制定工作所继受，则是出于制定完整民法典实际上所面临的困难，因此不得不以《民法通则》与各种单行法的模式展开我国的民事立法工作。❹

我国的民事立法和学说受苏联民事立法与学说影响的另一个表征是，在《民法通则》出台之后，第2条就明确规定："中华人民共和国民法调整平等主体的公民之间、法人之间、公民和法人之间的财产关系和人身关系。"对此，学者的著述一方面不否认民法对社会主义的商品经济关系的调整❺；另一方面，在《民法通则》与各单行法（如《破产法》《公司法》等）的关系上，学

---

❶ 参见［苏联］B.格里巴诺夫、C.M.科尔涅耶夫：《苏联民法》（上册），中国社会科学院法学研究所、民法经济法研究室译，法律出版社1984年版，第35页。

❷ 具体可见于1922年《苏俄民法典》债编第十章（第276条至366条）之规定，其中，第323条至366条于1928年至1931年间被废除。参见：《苏俄民法典》，郑华译，法律出版社1956年版，第69页以下。

❸ 参见［苏联］B.格里巴诺夫、C.M.科尔涅耶夫：《苏联民法》（上册），中国社会科学院法学研究所、民法经济法研究室译，法律出版社1984年版，第35页。

❹ 参见彭真：《在民法座谈会上的讲话》，载《彭真文选（一九四一—一九九〇年）》，人民出版社1991年版，第424页、第507页。

❺ 参见佟柔主编：《中华人民共和国民法通则简论》，中国政法大学出版社1987年版，第13页（该部分由张新宝、蔡超行撰写初稿）；佟柔主编：《社会主义商品经济的法律调整》，中国检察出版社1991年版，第90—91页（该部分由佟柔撰写）。

者的期待也是等经济体制改革完成到一定程度，社会主义市场经济的目标模式确立之后，总结民法通则及其他民事法规的立法经验，吸收民法科学和民事审判工作的研究成果与经验，"在适当的时候制定一部符合我国国情的完整的民法典"❶。从前述政治家与学者的立场说明与计划来看，我们原本所追求的立法体例甚至可以说比较接近于瑞士、意大利和苏联的完全的民商合一体例，而与民国时期的"折中式民商合一"存在显著差异。只是，随着我国单行法不断制定，我国的司法实践和学说逐渐接受了这一分散而非"大一统"的制定法逻辑❷，其间商法部门也经历了不断扩充其部门法数量及规范数量的过程，加之欧洲法典化国家也面临民法典解法典化的趋势，完全的民商合一模式才渐渐不为人们所主张。即便如此，时至今日，民法典究竟采何种立法体例仍然引起许多纷争。❸这可以说是苏联民法学说继受影响、分散的单行法制定现实以及法典认知变迁三重影响下的结果。

　　总而言之，自 1929 年中华民国立法院采民商合一体例以降，虽逢政权鼎革，废旧立新，且国民政府时期的私法编纂与大陆改

---

❶　佟柔主编：《中华人民共和国民法通则简论》，中国政法大学出版社 1987 年版，第32 页。

❷　例如，江平教授于 1997 年在论及民法典及商事单行法的存在模式时提出："至于其它一些单法（笔者注：按行文，指的是公司法、票据法、海商法、保险法等）仍应保留其独立性，不应当把它们纳入民法典，以免形成'大一统'民法典所造成的庞杂、混乱，缺乏基本法典的科学性。"江平：《制订民法典的几点宏观思考》，载《政法论坛》1997 年第 3 期，第 27 页；相同见解亦可见于江平：《中国民法典制订的宏观思考》，载《法学》2002 年第 2 期，第 43 页。

❸　例如，主张民商合一者有之，主张民商分立者有之，主张制定"商事通则"者亦有之。参见王保树：《商事通则：超越民商合一与民商分立》，载《法学研究》2005 年第 1 期，第 32 页以下；范健：《民法典编纂背景下商事立法体系与商法通则立法研究》，载《中国法律评论》2017 年第 1 期，第 71 页以下；刘凯湘：《剪不断，理还乱：民法典制定中民法与商法关系的再思考》，载《环球法律评论》2016 年第 6 期，第 117 页以下。

革开放之后的民商事立法在立法体例选择上的思想基础与历史背景也不尽相同，但其私法统一主义立场，则至今不易。

（二）欧陆实证法意义上民商关系的源流

欧陆近代商法史始于 19 世纪。在此之前，民法学说对于商法基本上是忽视的❶，人们认为，罗马法对于古代的商事交易而言就已经足够了❷。此后，商法的实证法化略可分为两个阶段：

第一个阶段是 18 世纪与 19 世纪之交，真正大规模的法典化商法开始出现至 1861 年《德意志一般商法典》（ADHGB）的出台。这一阶段中比较重要的几个立法分别是：第一，《普鲁士一般邦法》（ALR），其中包含了大量商事特别规范；第二，《法国商法典》（Code de commerce），作为欧洲较早的独立商法典，它的内容持续影响了多个国家的商事立法；第三，《奥地利一般民法典》（ABGB），它所包含的商业性的私法规范并不多❸；第四，也是欧洲最后的主要法典化商法，1861 年的《德意志一般商法典》。

第二个阶段事实上从 1855 年就已经同时开始了，即以瑞士为先锋的私法统一时代。瑞士私法的整个起草历程十分繁复，笔者在此不得不以序号加以标识。1853 年至 1855 年的《苏黎世私法法典》（A），在 1881 年的《瑞士债务法》生效之前，曾受到高

---

❶ 注释法学派及后注释法学派（Postglossatoren）学者很少论及商人的身份法及习惯法，最早的独立的商法著述直到 16 世纪才出现。Peter Raisch, Geschichtliche Voraussetzungen, dogmatische Grundlagen und Sinnwandlung des Handelsrechts, 1965, S. 47.

❷ Vgl. Peter Raisch, Geschichtliche Voraussetzungen, dogmatische Grundlagen und Sinnwandlung des Handelsrechts, 1965, S. 49ff.

❸ 奥地利的契约法基本上是继受了罗马法的产物。Hans Charmatz, Zur Geschichte und Konstruktion der Vertragstypen im Schuldrecht: mit besonderer Berücksichtigung der gemischten Verträge, 1937, S. 25ff.

度评价。❶其债务法与当时有效的民法、商法法典和立法草案的
区别在于，它从体系结构上看属于民法，但是也将商人的特别规
范制定入了一般债法。❷1864 年，《瑞士商法草案》（B）在蒙钦
格（Munzinger）的领导下开始起草，鉴于此时尚无通行于瑞士
全境的民法（《苏黎世私法法典》并非瑞士私法法典）❸，因此，一
方面，蒙钦格的想法是在商法的标签下尽量统合民、商共同的债
法内容，并以此回避民、商界分的困难；另一方面，以商法统合
一般私法内容的做法令人不禁想起《德意志一般商法典》的创
制背景——《瑞士商法草案》（B）也正是以《德意志一般商法
典》为蓝本加以起草的，因为后者从立法技术角度看具有更为完
整的内容塑造，而且还提供了大量可用的法律素材。❹可以说，
此次商法草案的起草工作是日后瑞士统一民事立法的序曲。此
后，由于通过宪法（im Wege der Verfassungsordnung）授予联邦
以商法立法权的尝试遭遇失败❺，瑞士国民议会于是通过了 1864
年瑞士联邦议会（Bundesrat）关于制定完整的瑞士债务法的建

❶ Vgl. Peter Raisch, Geschichtliche Voraussetzungen, dogmatische Grundlagen und Sinnwandlung des Handelsrechts, 1965, S. 67ff.
❷ Vgl. Peter Raisch, Geschichtliche Voraussetzungen, dogmatische Grundlagen und Sinnwandlung des Handelsrechts, 1965, S. 68ff.
❸ 之所以并未一开始就直接追求统一的私法法典，是因为在采取联邦制的瑞士，其国民议会（Nationalrat）及联邦议会（Bundesrat）对于全瑞士性质的民商事立法活动一向保守。早在 1850 年，伯尔尼政府就曾向联邦议会征求关于制定《瑞士商法典》的意见，但是当时联邦议会作出了否决的裁断。不得已，在 1854 年，伯尔尼政府不得不自行召集其他各州举行大会，试图在各州协议的基础上，商讨关于各州通行的商法规范的制定问题。但当时大会最终只同意先起草参与各州内部的统一汇票法。直到 1862 年，国民议会目睹《德国一般商法典》的出台，才指示联邦议会审议制定一部瑞士统一的商法典。Vgl. Peter Raisch, a.a.O., S. 72.
❹ Vgl. Peter Raisch, Geschichtliche Voraussetzungen, dogmatische Grundlagen und Sinnwandlung des Handelsrechts, 1965, S. 77ff.
❺ Vgl. Peter Raisch, Geschichtliche Voraussetzungen, dogmatische Grundlagen und Sinnwandlung des Handelsrechts, 1965, S. 25ff.

议❶，开始了 1871 年《瑞士债务法草案》（C）的起草工作。该草案在《瑞士商法草案》（B）的基础上进行了内容扩充，并依然不将民事行为和商事行为法予以分离。此后，蒙钦格因去世而未竟的事业由菲克（Fick）继续，并于 1877 年公布了草案。❷ 该草案略经修改，便于 1881 年以《瑞士债务法》（D）之名公布并生效。❸

1881 年的《瑞士债务法》（D）为了建立其兼顾民事往来和商事往来需求的债法与动产物权法制度，最终仅仅包含了少量的商事规定。但即便《瑞士债务法》追求民商合一，其中"民法与商法的结构对立"❹ 依然是存在的：一方面，有些规范则纯粹还是只对商人而言有其意义，例如有关商号法、商事登记、商事账簿等内容的规定；另一方面，为了具体化商人与非商人的界限，瑞士以《法国商法典》和《德意志一般商法典》中的商行为和商人概念为基础，于 1890 年 6 月 6 日又出台了有关商事登记和商事登记机构公报的行政法规，其中罗列了营业的种类，从而充实了商事营业、工业营业等概念的内涵。❺ 此后，1907 年编纂《瑞士民法典》（E）时，瑞士联邦议会依然保留了 1881 年的《瑞士债

---

❶ Vgl. Peter Raisch, Geschichtliche Voraussetzungen, dogmatische Grundlagen und Sinnwandlung des Handelsrechts, 1965, S. 9ff.

❷ Vgl. Peter Raisch, Geschichtliche Voraussetzungen, dogmatische Grundlagen und Sinnwandlung des Handelsrechts, 1965, S. 89ff.

❸ 该草案随后就受到了 Goldschmidt 的批评，他认为有些规范过于一般化，而事实上这些规范只满足商事行为的需要；而有些一般化规范事实上只适合商行为。Haab 则认为，有些同时可适用于商人与非商人的规范在司法实践中也必须重新考虑个案中是否有商人性质或民事性质法律交易。Vgl. Peter Raisch, Geschichtliche Voraussetzungen, dogmatische Grundlagen und Sinnwandlung des Handelsrechts, 1965, S. 91f.

❹ Franz Bydlinski, Handels- oder Unternehmensrecht als Sonderprivatrecht, 1990, S. 10ff.

❺ Vgl. Peter Raisch, Geschichtliche Voraussetzungen, dogmatische Grundlagen und Sinnwandlung des Handelsrechts, 1965, S. 96ff.

务法》（D）中民法与商法的内容。时至今日，《瑞士民法典》（E）的第五部分"瑞士债务法"虽然包含了大量有关公司、商事登记、商号、商事账簿的商事规范，从而被认为是相比"折中式民商合一"而言民商统合程度更高的立法例，但有关破产、海商、保险、资本市场法的内容仍然在民法典之外。

纵观瑞士私法统一的进程，有一个事实和两组思想是值得留意的。一个事实是瑞士的联邦制度下，联邦一开始并无统一民法的立法权，因此立法者不得不在商法的名下，统合大量一般私法的内容。如果仅有这一事实因素，则瑞士私法的最终走向恐怕并不必然导向民商合一的路径。因为，从当时可资参考的几个立法蓝本来看，《奥地利一般民法典》基本上是一个以民法为主的法典；《普鲁士一般邦法》则是诸法合一，与瑞士商法草案制定的时代相去甚远，立法借鉴价值更是渺茫；而《德意志一般商法典》的出台则与瑞士最终的历史、政治性拘束相似，即欠缺统一民法的立法权。因此，唯一可以借鉴的便只有法国私法的二元论。

但是，前述事实之外还有两组重要的思想。第一个是蒙钦格追求民商合一的技术动机，即民、商事规范具体界分的复杂性。假如蒙钦格心目中现实的商法参考系是《法国商法典》这种纯粹的商法典，则他所参考的基础相比其所追求的目标就成了缘木求鱼。因为，如果要在欠缺民法典的基础上制定商法典，则原本许多应由民法典负责解决的所谓一般私法规范，就必然要放到商法中来加以规定。此时的一般私法规范，例如契约的成立，究竟算是民法规范还是商法规范？显然都可以算，那些规范毋宁是民事活动与商事活动的共通规范。由此，由于在法国式的纯粹商法典基础上必然要吸纳许多名为民事规范的内容，就无怪乎民事规范与商事规范难以区分了。如果这一假设成立——对此，囿于文献缺乏，暂时无法考证——则一种融合一般私法的商法典（作为瑞士的一般私法）与在此之外的特别民法的模式似乎也是可能的。

然而，除此之外，还有第二组思想，即在 1864 年《瑞士商法草案》向 1871 年《瑞士债务法草案》迈进的过程中，由伯尔尼州提出并为大部分州所认同的"平等原则"。该州的代表在评论针对商人阶层的特别商法时认为："我们的人民对这类规范根本不感兴趣。它与我们联邦既有的制度与平等原则相违背。人们通常所称呼的商法，确切来讲不是这些与民法形成差异的特别规范，而只是适用于商人阶层的私法。事实上，为何当买卖、保险、会社这些法律交易由商人完成时应当由另一套规范来裁断，是很难解释清楚的。"❶ 换言之，针对商人的特别法在议员看来有违平等原则。从今天看来，这一认识在法理上未必全然无可反驳，但其思想却作为另一种无法抗拒的事实对瑞士私法最终走向一元论起到了决定性的作用。

商法实证化的第二个阶段中，意大利的角色同样重要。❷ 意大利曾于 1882 年制定过商法典，而且此后 1925 年的商法典草案形成过程中，政府和议会处于合目的性考虑，依然维持了民商分立的结构，因为农业、工商业的民商事法律关系在当时并不一致。❸ 但维万蒂（Vivante）教授对该法典的诸多反思同样重要，并由此促进了意大利私法往统一债法的道路上迈进。维万蒂的思

---

❶ Protokolle über die Ⅰ Konferenz-Sitzung vom 13. Dezember 1867, 12.

❷ 此一部分内容主要参考 Peter Raisch 所著 Geschichtliche Voraussetzungen, dogmatische Grundlagen und Sinnwandlung des Handelsrechts 一书第 146 页以下内容。

❸ Vgl. Peter Raisch, Geschichtliche Voraussetzungen, dogmatische Grundlagen und Sinnwandlung des Handelsrechts, 1965, S. 154ff.

想主要有以下几点：第一，从法教义学和立法上都无法找到商法与民法的区分原则；第二，从历史角度提出观察，商事法院管辖范围的扩张是一种显著的趋势，即便在当时已经服务于一般性民事生活的法律行为，也适用商法典规范；第三，不存在对一切时代和法域都能以同种方式有拘束地界分民法与商法的标准，但立法者能够扩张商法的适用范围，因为公民不仅在形式上是平等的，在实际上也应越来越平等。[1] 维万蒂的思想总的来说并没有超越界分困难和民商关系相对性的范畴，其第三点思想从法政策上来说更是有谬误之嫌，对此我妻荣教授的前述评论足以反驳。尽管如此，它却依然是 1942 年意大利民商合一的民法典的重要思想渊源。在《意大利民法典》中，整个商行为制度以一般抽象化的方式消失于债法之中，而并未考察个别规范到底适用于一切人还是仅仅适用于企业之间的问题；在组织法领域，民法典也统合了公司、合作社等商主体规范，而有关海商、破产的内容则并未包含在民法典之中。[2]

　　综上立法过程可知，民商合一的形成在不同国家有不同的历史背景、思想基础[3]、立法技术背景和教义学背景。其中，对于第三国而言，欧陆私法的历史背景与立法技术问题并不能完全决定其立法的走向，而以平等为主要内容的思想基础则无法证成立法上民商合一的必然性。换言之，例数历史流变之后，我们只能

---

[1]　Vgl. Peter Raisch, Geschichtliche Voraussetzungen, dogmatische Grundlagen und Sinnwandlung des Handelsrechts, 1965, S. 149ff.

[2]　参见《意大利民法典》，陈国柱译，中国人民大学出版社 2010 年版。

[3]　笔者在此无法追溯苏联民法采民商合一的思想基础，一个猜测性意见是：无论如何，苏式社会主义体制和社会主义思潮中强烈的平等原则不可能允许商人阶层的存在，更遑论关键上有违平等的针对商人的特别法，因此，苏联以民商合一为依归，是必然的选择。

说，倘若商法在实质上并未消亡，则民商合一和民商分立都是可行的法典化方案，而民商合一也并不导致商法的实质消亡，立法活动毋宁更需要注意商法的存在，进而防止部分规范出现过度民法化或商法化的趋势。

二、实质意义上民商关系的研究现状考察

从我国民国以来的私法立法史亦可看出，立法采纳民商合一体例之部分缘由，在于立法技术及法律适用上之滞碍及意识形态上效仿苏联民事立法，作为司法和学理所面临的民、商区分任务——如果这一区分仍有必要——则并不因立法之统一规定而中辍。然吾人研究法律问题，素以制定法而非法之全部要素为核心加以主观性考察，从而使学说上之民、商实质关系建构，深受制定法现状的影响。

目前，学者研究私法问题，关注民法者，多以民法为纲，从前理解上便已弱化了商法总论及商法总体上相对于民法之特殊性立场；关注商法者，又常常忽略民法作为一般私法对于商法之意义，乃至忽略商法总论的整体研究。盖因此故，我国台湾地区商法总论之研究，较之民法，虽未偏废，但其相对薄弱则是不争事实。我大陆早年师法台湾地区及德、日民法理论较多，于该领域，得益颇多；然商法基础理论之颠踣及迄今研究之薄弱，与台湾地区民法强盛而商法稍弱及学人多取道台湾地区之民法学说而专研德、日民法之现象，亦不能说无有关联。而商法基础理论之阙如，进一步又导致在统一的民事立法活动中商法之特殊性常常为人们所忽视——当然，即便不被忽视，商法学目前也确实难以为民事立法提供有关商法之历史前提、教义学基础及当今使命的完整理论。不过，虽然立法互动有一日千里之象，但有关民、商之区分，

则仍将艰难地成为私法学说及司法实践所必须持续面临的问题。

不过，实质意义上民法与商法的讨论并不多。在欧陆，民商关系问题转化为民商事立法活动，一俟制定法出台，对民商关系的讨论就都转化为制定法为基础的具体法律适用问题，抽象意义上的民商关系讨论就不多见了。我国关于实质意义上民商关系的讨论中，截至目前较为重要的文献略有以下：第一，张谷教授关于商法独立性之论述（《商法，这只寄居蟹——兼论商法的独特性及其特点》，《清华法治论衡》2005 年第 6 辑），认为民法与商法看似一体，实为两个不同的个体，进而主张商法内在的独立性。第二，张力及汪洋关于私法法源的论述（张力：《民法转型的法源缺陷：形式化、制定法优位及其校正》，《法学研究》2014 年第 2 期；汪洋：《私法多元法源的观念、历史与中国实践〈民法总则〉第 10 条的理论构造及司法适用》，《中外法学》2018 年第 1 期），主张了商法在法源上的特殊性。第三，部分论述以实证法为取向，讨论了商法的独立性与存在问题。[范健：《论我国商事立法的体系化——制定〈商法通则〉之理论思考》，《清华法学》2008 年第 4 期；范健：《走向〈民法典〉时代的民商分立体制探索》，《法学》2016 年第 12 期；柳经纬：《编纂一部商事品格的民法典》，《比较法研究》2016 年第 1 期；蒋大兴：《论民法典（民法总则）对商行为之调整——透视法观念、法技术与商行为之特殊性》，《比较法研究》2015 年第 4 期；等等]第四，还有一部分论述以法律适用为基础，寻求商法在司法实践中所应有的独立地位。[钱玉林：《民法与商法适用关系的方法论诠释——以〈公司法〉司法解释（三）第 24、25 条为例》，《法学》2017 年第 2 期；施天涛：《商事关系的重新发现与当今商法的使命》，《清华法学》2017 年第 6 期；于莹：《民法基本原则与商法漏洞填补》，《中国法学》

2019 年第 4 期；杨峰：《商法思维的逻辑结构与司法适用》，《中国法学》2020 年第 6 期；崔建远：《民事合同与商事合同之辨》，《政法论坛》2022 年第 1 期］其他民法学及商法学的论著中，对民、商关系问题往往也有提纲挈领之表达，兹不一一赘录。

上述文献针对实质意义上民法与商法的关系作了重要论述，唯囿于本书的体量，上述文献的讨论范围通常集中于民商关系的其中一个面向，整体性就此议题作论述的尚不多见；以商事特别法为着眼点，就具体原则及制度论述一般私法与商法的关系者，未见讨论；而至于商事团体法是否有独立之方法论问题，同样尚付阙如。笔者正是在前述文献及相关文献基础上，基于这些问题意识，就民、商之关系问题再作讨论，并以"民法相对于商法的备位性"为主题，愿有所裨益于祖国私法学说及体系之建构事业。当然，囿于笔者能力有限，笔者无意对既有的民、商关系理论进行彻底的重构，而只是对其中一些见解进行批判性的检讨，并在力所能及的范围内对之加以改良、深化。毕竟，很多问题一经得到陈述，它的内容就只是显而易见的常识而已。

第三节　讨论框架

本书第二章试图就民法与商法关系的历史变迁进行梳理，并得出民法与商法同属私法的两个独立但规范上重叠的法体系的结论。近代早期之前，商法经历了体系性缺位、商人法形成和国家化三个阶段，而同时期的民法则稳定地以地方习惯法、罗马法与教会法为主要渊源。其中，罗马法阶段的私法状态奠定了后世民法与商法二元格局的历史基础。中世纪以来，商人法以其超越国家法的特质完全隔绝于民法之外，而在近代早期，民法的迟滞则使其与商法的二元格局更为固化。现代意义上民法与商法的二元格局始于19世纪。近代以来民法的进步使得商法的外在独立性有所削弱，就此欧洲私法领域形成了民商关系的"相对性理论"，并对19世纪晚期的商事立法产生重要影响，但该理论的有效性其实以时间、制度内容等方面的限制为前提。商法规范独立性的消亡将导致其内在独立性失去意义。就狭义商法而言，其作为特别法在本质上是以特定主体为对象加以建构的，企业经营组织作为主体性要素为狭义商法奠定了制度基础，商法规制目的及商业事实基础上的商法原则确保了规范层面外在独立性的存续。从目的论体系角度看，民法与商法负担着截然不同的建构目的，两者的二元格局在今日仍得到维持。

在第二章的基础上，第三章着眼于建构《民法典》视野下民事法律关系与商事法律关系在契约与物权法上的界分标准。笔者总体上重返了通过企业经营组织所建构的商事法律关系的主体标准，并进而提出了我们国家实证法基础上商人的判断标准。当然，基于本书所提出的商主体标准而得出的商事法律关系判断标准在必要时应当予以扩张或限缩，以合乎当前社会经济条件下组织体作为商事法律关系的重要参与者等事实。

第四章试图讨论商事交易法在（形成性）法源层面与民法存在的差异性。这种讨论依然是基于第一章所建构的民法与商法的体系分殊而展开的。虽然民法的伦理性原则对商事交易法依然具有指导意义，但在本章中，笔者着重强调了商事交易法的原则作为商法体系的组成部分在商法的法律获取中所扮演的重要角色。许多商事案件，若非在商法原则的指引下予以裁判，就往往会被当作民事案件而适用并不妥当的规范。商法原则不仅仅以线性方式指引个案，同时还通过原则之间的相互协力、相互限制等形式构成复杂的具体化形态。

第二章 | 民法与商法二元格局的
演变与形成

第一节　引　言

　　实证法的存在形态在很大程度上影响了人们对法律部门所持有的观念和相应法律部门的教义学建构。譬如：在以德国为典型的传统大陆法系私法体系中，民法与商法的关系常常以一般私法与特别私法来表达。[1]但在英国，普通法以"救济"为核心而展开，私法体系意义上的民商关系则并未受到重视。[2]前者无疑受到了民商分立立法体例的鼓舞，相比之下，在民商合一的立法体例下探讨民商关系则有其自身的私法体系建构与法律适用等问题意识。诚然，倘若民法与商法的关系能被化约为民法与商事特别法（公司法、票据法、海商法、保险法等）的关系，民、商区分的命题则相对比较清晰，但如果我们追问，在行纪、运输、融资租赁等逻辑上以商主体的参与为适用前提的规范之外，商事主体从事对外交易时是否应有特别法则，如商业保证是否仍恪守一般法中保证契约之从属性规则[3]，则生疑窦。倘若对此持肯定见解

---

[1]　Vgl. Canaris, Handelsrecht, 23. Aufl., 2000, §1 vor Rn. 1ff.; Wolf/Neuner, AT des Bürgerlichen Rechts, 11. Aufl., 2012, §6 Rn. 6ff.; Oetker, Handelsrecht, 7. Aufl., 2015, §1 Rn. 1ff.; Brox/Henssler, Handelsrecht, 22. Aufl., 2016, Rn. 1ff.

[2]　See Geoffrey Samuel, *Civil and Commercial Law: A Distinction Worth Making?*, 102 L. Q. R. 584（1986）.

[3]　相关争讼案件参见王文宇：《商事契约的解释　模拟推理与经济分析》，载《中外法学》2014年第5期，第1283页。

并在统一的民事立法中基本厘清商事规范的界限，则仍需进一步追问，在商事特别规范与民事规范的法律适用关系上，是否单纯遵循"特别法－一般法"的法则，于特别法阙如之时径诉一般法规范，抑或首先参酌商法自身的特征与法源进行法律续造以补充商法规范的漏洞？上列法律适用问题根本上所涉及的均是，民法与商法是否因各自思想基础的不同而形成二元格局，以及倘若实证法上的私法一元论尚不足以消弭实质上的私法的二元格局，则该二元格局究竟如何存续的问题。

　　不过，征诸商法史籍即可看出，商法的内容与边界从未在历史上的某一个时点定型❶，因此，民法与商法的关系或者说本书所主张的二元格局的具体表现形式从来都不是一成不变的。这种历史性从 19 世纪民法的进步史中已可见端倪。❷民法与商法区分的历史可以追溯至罗马法时代，但它们是否体现为相对性的关系，即私法体系对商法的需求取决于民事法律对商业活动的包容性，从而通过民法商法化或商法民法化使民法与商法的关系从区分走向统一，则需要重返商法的历史中才能找到根源与解答。而法律适用所面对的则是当代的立法与法体系，因此，在商法史分析破除了实质意义上的民法与商法的一元论之后，我们仍然需要进一步探索、确立当代商法独立的法理基础。

---

❶ 参见张谷：《商法，这只寄居蟹——兼论商法的独立性及其特点》，载《清华法治论衡》2005 年第 6 辑，第 14—64 页；Karsten Schmidt, Handelsrecht: Unternehmensrecht Ⅰ, 6. Aufl., 2014, § 2 Rn. 1ff.。

❷ 对于民法在 19 世纪因营业自由、结社自由背景下的商业活动的驱动而发生的法制发展，可参见 Justus Wilhelm Hedemann, Die Fortschritt des Zivilrechts im 19. Jahrhundert: Ein Überblick über die Entfaltung des Privatrechts in Deutschland, Österreich Frankreich und der Schweiz, 1968, S. 3ff.。

谈论民、商区分，势难回避商法的定义问题。❶举凡法律概念之界定，除受到实证法及因实证法的变动性而产生的概念本身的历史性限制之外，亦必有目的考量因素的影响。民法与商法二元格局作为论题的教义学意义很大程度上在于揭示民法作为一般私法对于商法而言所具备的有效性及其限度。换言之，只要在商法总论之外，我们仍强调特别商法作为民法的特别法，从而有民法的备位性（或者补充）适用，则在现行法秩序中建立于民法基础之上的广义的商法部门，均应在探讨的范围之内——只不过这种分野在 19 世纪之后才出现。

第二节　近代早期之前商法与民法的隔绝作为二元格局的历史渊源

19 世纪以来民法与商法的关系，相比近代早期之前的格局而言，固然处于不同的历史背景和问题意识之下，然而，对许多大

---

❶ 德国商法学所用的 "Handelsrecht" 概念，汉译 "商法" 固非谬误，但其内涵和外延却与我国商法学界通常使用之 "商法" 概念存有抵牾。惯常语用中的 "Handelsrecht"，实指狭义的商法（Handelsrecht im engeren Sinn），它以《德国商法典》为基础，而实质内容不过商主体法与商行为法而已。会社法（Gesellschaftsrecht）、有价证券法等基本上属于广义的商法（Handelsrecht im weiteren Sinn）。Vgl. Canaris, Handelsrecht, 23. Aufl., 2000, §1 Rn. 6–7. 在我国，商法通常指的是调整商事关系的法律规范的总称。施天涛：《商法学》（第 4 版），法律出版社 2010 年版，第 3 页；赵中孚主编：《商法总论》（第 4 版），中国人民大学出版社 2009 年版，第 6 页；赵万一主编：《商法学》，中国法制出版社 2006 年版，第 6 页。不同观点可参见王保树：《商法总论》，清华大学出版社 2007 年版，第 15 页。我国并无形式意义上的商法，仅有实质意义上的商法。德国商法学语境中的 "商法"，在我国商法学体系中基本对应于商法总论，它构成了实质商法的一部分，并与各特别商法一道构成我国商法学语境下的广义商法。

陆法系国家而言❶，当代民法与商法二元格局的端倪自中世纪早期便已出现：一方面，商法的发展深受社会经济发展条件的影响，一旦条件成就，商法便以自治为工具呈现出爆炸式的增长，至今步履不停；另一方面，民法的核心组成部分则体现出"温暾"的性格，非政治革命与改良及社会运动不足以促使其产生大规模变革。而民法与商法的步调不一致滥觞于罗马法，并在很大程度上预定了后世两者关系的基本基因：近代早期之前，通过后世注释法学派的兴起与潘德克吞法学的现代应用，罗马法构成了欧陆各国民法的重要法律史渊源，而这一阶段的商人法则要么尚未产生，要么与之隔绝；近代早期之后，民法虽然经历了不同程度的"商法化"，以至于在瑞士、意大利等国家，民商合一在技术上成为可能。❷但总体而言，建立于罗马法传统基础上的体系束缚使这些国家的民法未能像英国法那样系统、彻底地吸纳来自商人法的制度。

---

❶ 换言之，假如影响我国私法的主导因素是英美法，则我们大可不必将问题的叙述追溯至罗马法时代。这是因为，作为英美法系基础的英国法的发展并不是通过外来法律体系与当地固有风俗的融合来完成的，而是通过司法机关对普通法规则的形塑与发展来完成的。在这一过程中，罗马法的影响并不突出，其对英美法自身体系的影响更是无足轻重。

❷ 实证法上民法与商法的合一并不意味着二者实质上的合一。瑞士虽然存在民商合一的民法典（Zivilgesetzbuch），但依然有学者认为，瑞士民法典无法消除法典内部所存在的民法与商法的对立，因此在私法统一问题上，瑞士民法典并不比法国法走得更远。Vgl. Franz Bydlinski, Handels-oder Unternehmensrecht als Sonderprivatrecht, 1990, S. 10; Denis Tallon, *Civil Law and Commercial Law*, in R. David, et al（eds.）, *International Encyclopedia of Comparative Law*, Vol. Ⅷ, Chap. 2, Tübingen: J. C. B. Mohr, 1983, p. 57. 与此类似，意大利虽然也采民商合一的立法体例，但其私法学理上仍然有关于商业、企业及其他经济现象的独立描述需求。

一、罗马法时代体系化商法的缺乏

罗马法时代是否存在商法，素有争议。[1]抛开习惯不说，如果我们把存在于一定商事往来基础之上的相应规则称为"商法"的话，则罗马法时代无疑是存在商法的。其一，古罗马的海商法大量继受了罗德岛法（lex Rhodia）的内容，包括货船上货主风险共同体（Gefahrengemeinschaft der Befrachter eines Schiffes）的规定以及发生货物共同海损时损失共担的规则。[2]其二，在海外贸易领域，通过城邦之间的条约（Staatsverträge），逐渐形成了与市民法相对的万民法（ius gentium），这种万民法多少带有后来的"商人法"（lex mercatoria）的内容。其三，罗马法本身就发展出了高度复杂、技术化的交易法，并影响至今，如在商业领域，通过代理人实施法律行为就取代了罗马法原本保守的规定。[3]

不过，纵然我们将罗马法视为现代民法的起源，但古罗马商业的复杂程度却不容过度高估。[4]受制于彼时的生产力水平，商

---

[1] 德国商法学通说否认罗马法时代存在商法。Vgl. Levin Goldschmidt, Universalgeschichte des Handelsrechts, 1891, S. 37.

[2] Dig.14.2.0, de lege Rhodia de iactu（engl. Concerning the Rhodian Law of Jettison），参见 Omini Nostri Sacratissimi Principis Iustiniani Iuris Enucleati Ex Omni Vetere Iure Collecti Digestorum Seu Pandectarum, http: // www. thelatinlibrary. com/justinian/digest14. shtml, 2017 年 3 月 7 日最后访问；英文版参见 http: // droitromain. upmf-grenoble. fr/Anglica/D14_Scott. htm # II, 2017 年 3 月 7 日最后访问。对此种继受的否定见解，参见 Robert D. Benedict, *The Historical Position of the Rhodian Law*, 18 Yale L. J. 223（1909）.

[3] Vgl. Heymann/Horn, HGB, Einleitung Ⅵ, Rn. S. 1ff, 2ff.

[4] 有关古罗马的工业和商业，可参见 Tenney Frank, *An Economic History of Rome*, 2d ed, New York: Cosimo, Inc., 2004, p. 108-126。此外，弗兰克·威廉·沃尔班克在描述西罗马帝国晚期的贸易与工业时也曾说道："基本上来说——整个古代均是如此——无论是对乡村还是城市和城镇的居民而言，农业一直是最重要的经济活动。据估计，农业对社会财富的贡献大约是贸易和工业的 20 倍。"由此亦可管窥古罗马的社会经济概况。参见［英］M. M. 波斯坦等主编：《剑桥欧洲经济史》（第 2 卷），王春法等译，经济科学出版社 2004 年版，第 62 页。

业活动仅存在于十分有限的领域，甚至从中未能产生出一般性的"商业"概念；相应地，一般性的"商人"阶层也不存在，只有船员、旅店主、银行家和店铺经营者（Unternehmer der tabernae）等有限的商人性职业形态。❶ 这种社会事实在规范层面的写照就是，由于不存在大规模需要特别规制的商业关系，市民法与万民法大体上足以满足这种贸易法律需求，而不存在系统的商人阶层的独立法律或者商人的特别私法。何况，随着罗马帝国的扩张，市民法与万民法的边界也越来越模糊。难怪戈德施密特（Goldschmidt）认为，古罗马没有针对商业的特别法，是因为罗马法对于古代的商事交易而言已经足够。❷ 不过，准确的结论应该是，古罗马存在非体系化、非独立化的个别性商事法律制度，体系性的商法法律部门显然是不存在的。相对于民法——假如我们认定市民法与万民法属于民法——而言，这种碎片化的"商法"并未取得实质上、形式上与学科上的独立性，这些所谓的商事制度实则是民法的组成部分。因此，在"商法"的存在本身就具有可疑性的情况下，吾人如若在此附会而奢谈罗马法中民法与商法的二元区分——纵然结论是否定的——也在很大程度上过度拔高了罗马法中"商法"的地位。

二、中世纪商人法与民法的隔绝

中世纪商法之渊源，绝不仅仅在于商人习惯法一端，而是由城市法、商人行会的法规、商人法院和海事法院的判决、地区性和跨地区性的习惯法、国王或领主的法律以及教会法律（如

---

❶ Vgl. András Fögen, Eine alternative Annäherungsweise: Gedanken zum Problem des Handelsrechts in der römischen Welt, RIDA 2001（48）, 89.

❷ Vgl. Levin Goldschmidt, Universalgeschichte des Handelsrechts, 1891, 78.

禁止利息）共同组成。❶倘若将世俗政权与教会的法律抽取之后，认定其余部分为"商人法"（*lex mercatoria*, law merchant, Kaufmannsrecht），则由上文已知，缺乏体系性商法的罗马法尚无法为这种商人法的形成提供制度上的渊源，但商人法也不可能在 11 世纪突然降临——历史的发展是一个不断演变的过程，在交易关系出现之初，占支配性地位的必然是习惯，而非国家法（成文法或者判例）。❷然而，习惯并非唯一的商法渊源，中世纪商法渊源的多元性也可以从商人习惯与国家法的互动中得到印证：商人习惯（法）的渐进演变，至少可以追溯到公元 3 世纪或者更早，而罗德岛法以及后续 9 世纪的《巴西尔法典》（*Basilica*）❸，总体上来看都可以算作对商人实践的法律化❹——虽然这一阶段远未形成统一的商人法。

　　所以，所谓"商人法"，可能更接近于一种指称在中世纪以商人阶层为适用主体，依托于商人行会组织，以商人习惯法为主要内容，并得到中世纪欧洲世俗政权的认可与支持但同时又超越（而非脱离）国家法的实体与程序法。这种商人法的真正形成始

❶　Vgl. Levin Goldschmidt, Universalgeschichte des Handelsrechts, 1891, 151ff.; Hansjörg Pohlmann, Die Quellen des Handelsrechts, in: Coing（Hrsg.）, Handbuch der Quellen und Literatur der Neueren europäischen Provatrechtsgeschichte, 1973, S. 801ff.

❷　对此，亦可参见 Leon E. Trakman, *The Evolution of the Law Merchant: Our Commercial Heritage*, 12 J. Mar. L. & Com. 3（1980）。

❸　另译为"教会法"，参见［美］约翰·亨利·梅利曼：《大陆法系》，顾培东、禄正平译，法律出版社 2004 年版，第 8 页。1453 年君士坦丁堡陷落前，巴西尔法典一直是东罗马帝国的主要法律之一。

❹　See Leon E. Trakman, *The Evolution of the Law Merchant: Our Commercial Heritage*, 12 J. Mar. L. & Com. 4（1980）.

于中世纪城市的兴起与自治❶，继而，在十字军东征等因素的影响下❷，跨区域贸易进一步发展壮大，贸易中心城市地区的习惯由此上升为跨区域的支配性交易习惯。随后，在 12 世纪至 13 世纪，这种跨区域的交易习惯最终成长为统一商人法。❸统一商人法的经济基础在于，商人的贸易利益、市民的消费需求与国王的财政需求同时得到满足，在这一基础上，法院同样被要求以符合商人利益的方式加以审判❹，甚至商人出任了商事法庭（commercial court）的法官并解释、适用商法❺，以吸引商人之来归。

无论如何评价商人法的存在性与独立程度❻，相对于实质意义

❶ 在政治上，中世纪城市的自治与兴起源于 10 世纪以来国王与市民联合对抗领主。在这个过程中，市民被赋予了自由的权利，城市自治也初见雏形。因此，城市自治与自由市民（包括自由商人）总是相伴而生的。参见［英］亚当·斯密：《国富论》，郭大力、王亚南译，商务印书馆 2015 年版，第 379 页。

❷ 参见［美］约翰·亨利·梅利曼：《大陆法系》，顾培东、禄正平译，法律出版社 2004 年版，第 12 页。

❸ See Leon E. Trakman, *The Evolution of the Law Merchant: Our Commercial Heritage*, 12 J. Mar. L. & Com. 4（1980）.

❹ See Thayer, *Comparative Law and the Law Merchant*, 6 Brook L. Rev.141, 142（1936）.

❺ 参见张谷：《商法，这只寄居蟹——兼论商法的独立性及其特点》，载《清华法治论衡》2005 年第 6 辑，第 3 页；John Henry Merryman & Rogelio Pérez-Perdomo, *The Civil Law Tradition: An Introduction to the Legal Systems of Europe and Latin America*, 3rd ed., Stanford: Stanford University Press, 2007, p. 13; Roy Goode, *Commercial Law*, 3rd ed., London: LexisNexis UK and Pengiun Books, 2004, p. 3. 不过，事实上，以荷兰和比利时的商人为例，他们在中世纪和近代早期都不是单纯依赖于仲裁或者准私权性质的法院，而是混合使用公、私法律工具。See Oscar Gelderblom, *The Resolution of Commercial Conflicts in Bruges, Antwerp, and Amsterdam(1250-1650)*, in Bebin Ma & Jan Luiten Van Zanden（eds.）, *Law and Long-Term Economic Change*, Stanford: Stanford University Press, 2011, p. 255.

❻ 基于确定的事实而无法就商人法是否存在的问题达成共识，说明该问题涉及的并非事实问题，而是理论视角的问题。正如学者指出："从过去到现在，商人法的存在本身并非关键问题。关键在于商人法的理论可能性问题，在于它能否被评价为是法律的问题。"See Ralf Michaels, *The True Lex Mercatoria: Law Beyond the State*, 14 Indiana Journal of Global Legal Studies 449（2007）.

上的民法而言，商人法一方面因适用主体的特定化而实现了与市民法的分离；另一方面商人之间的法律关系在很大程度上以商人的交易实践为基础，不仅实现了商事规则的特殊化，也实现了法源创设上的独立性。最终的格局便是，对于商人而言，他们可以不知民法为何物，而径行适用统一的商人法。从这个意义上讲，民法与商法又是彻底分离的：一方面是实证法层面的分离，商法（商人法）构成了相对于民法而言独立的规范群；另一方面是内容上的隔离，商人法形成了大量与民法没有关联的法律制度。❶从根本上讲，商法与民法的这种分离与市民生活的商业化程度过低以及民法的相应落后不无关系。由此亦可看出未来民法与商法相互纠缠、影响的端倪：一方面，市民生活的商业化程度终将随着商业革命和工业革命的进行而不断提高，市民阶层的政治与法律地位也得到提高；另一方面，商人阶层的特权终将被占据民族国家支配地位的市民阶层所褫夺，由此导致民法与商法在实证法和内容上的绝对二元的樊篱逐渐被打破。

三、近代早期商法的国家化及其与民法的再隔绝

从政治上看，在 11 世纪商人法兴起的时代，商业往来中已不乏国家的身影；中世纪晚期之后，近代领土国家（Territorialstaat）❷通过国家权力的不断集中始而兴起，商业活动所能带来的收益促使国家在商业领域进行全面的立法、司法活动。❸伴随而来的是

---

❶　如商人行会对其成员的注册、组织关系的信息、经理权、商业和货物标识等内容进行登记的制度，市场督查（Marktpolizei）和迅捷的市场管辖权（Marktgerichtsbarkeit）制度，关于买卖合同中风险移转的规定，善意取得的规定，有关居间商的规定，海事保险的规定，等等。此外，会社法也已逐渐兴起。Vgl. Heymann/Horn, HGB, Einleitung Ⅵ, Rn. 8ff.

❷　领土国家不同于民族国家，后者作为一种历史类型是在法国大革命和美国资产阶级革命之后形成的。

❸　Heymann/Horn, HGB, Einleitung Ⅵ, S. 16ff.

商人法作为独立的法源走向消亡，同时原本属于商人法的规则不断被吸收入国家法之中。在英国，这种消亡首先通过司法权的转移，继之以普通法对商人法的吸收而完成 ❶；在欧陆，则是通过重商主义影响下的国家立法来完成，典型如法国的《商事条例》（Ordonnance sur le commerce，1673）和《海事条例》（Ordonnance sur la marine，1681）。

依笔者见解，这一时期，民法与商法的关系不是接近了，而是更为疏离了：第一，两者在法律渊源上存在巨大差异——众所周知，在近代早期，欧陆民法仍以习惯法、罗马法和教会法为主要渊源，而与此同时，在重商主义思潮之下，商法却在商人法的基础上明显出现了国家化的倾向。第二，民法在近代早期近乎停滞，但这一时期的商法却迅猛发展，不断拉开了两者的关系。其经济与政治上的原因乃在于，市民社会在中世纪晚期并未出现重大的经济上的革新，同时政治上的普遍解放也远未到来，诸多现代私法的理念既不必要也不可能在近代早期的欧陆出现。

---

❶ 在司法权转移方面，原先特别的商事法庭让位于普通法院；在法律适用上，普通法院一开始将商法视为需待证明的商人习惯或者在必要时借用商人法的某些规范，后来则扩张商人法的适用对象，使之成为普通法的组成部分，并直接通过经验丰富的陪审团认定商事习惯的司法效力，而无须商人证明，由此完成了普通法对商法的吸收。See Ernst von Caemmerer, *The Influence of the Law of International Trade on the Development and Character of the Commercial Law in the Civil Law Countries*, in Clive M. Schmitthoff（ed.），*The Sources of the Law of International Trade*, London: Stevens & Sons, 1964, p. 89; Roy Goode, *Commercial Law*, 3rd ed., London: LexisNexis UK and Pengiun Books, 2004, p. 6; Denis Tallon, *Civil Law and Commercial Law*, in R. David et al（eds.），*International Encyclopedia of Comparative Law*, Vol. Ⅷ, Chap. 2, Tübingen: J. C. B. Mohr, 1983, p. 8.

第三节　近代以来民法的进步
　　　　及民商相对关系之批判

当代法教义学意义上所说的民法与商法二元格局的真正形成始于 19 世纪。商人法形成至 19 世纪之前民法与商法所形成的二元格局，"与后来的私法二元论中的商业法的独立性问题，发生的历史时期不同，参照系不同，背景不同，问题意识也不同"❶。进一步讲：第一，19 世纪之前民法与商法（主要是商人法）所形成的古典简单二元格局，是以中世纪封建经济与政治（如农业在国民经济中的重要地位以及商业行会制度与封建领主制度）为基础的民法与商法基本隔离的历史性的私法格局。在此格局中，民法与商法之间始终缺乏共同对话的平台，人们既不需要考虑两者在立法上的统一或分立问题，也无须担忧其间的民、商事法律适用的取材问题。第二，在理解商人法与 19 世纪商法的区分时，尤其应当重视两者在法律适用领域的差异。前者主要适用对象是海上贸易，后者则同时适用于内陆贸易与海上贸易。从法源上看，前者以商人习惯与习惯法为主要渊源，后者不仅包括国际性商人习惯与习惯法，同时也包括在欧洲大陆久已存在的罗马

---

❶　张谷：《商法，这只寄居蟹——兼论商法的独立性及其特点》，载《清华法治论衡》2005 年第 6 辑，第 4 页。

法——就德国商法而言，其渊源还包括日耳曼法。❶第三，从 19 世纪的立法活动来看，无论是《法国商法典》还是《德意志一般商法典》之后的《德国商法典》，它们都不再被赋予对私法进行全面立法的任务，从而形成实证法上民法与商法的分离。这些 19 世纪所产生的独立的商法典形态被不少学者归咎为历史偶然，进而导致法律改革、学说与司法过程中民法与商法之间的界分出现复杂争议。其他采纳民商合一立法体例的国家虽然在立法上摆脱了历史维度的影响，但是商法依然作为民法典下独立的法律体系，或者至少作为独立的学科而出现（如意大利），界分民法与商法的争议仍然存在。❷不过，纵然民法对商法出现一定程度的接近，民法与商法界分的模糊地带也主要集中于契约法与物权法领域，侵权法、亲属与继承法相对而言受商法的影响较小。❸民法与商法制度边界的模糊化与商法自治争议的出现，总体上以民法在 19 世纪的进步为前提。

一、民法在 19 世纪的进步及商法相对于民法的外在独立性的削弱

相比近代早期，19 世纪商法除了法典化形式以及所秉承的时代精神有所不同，其内在的独立性依然得到延续并加以强化。不过，民法在 19 世纪的进步仍然极大地侵蚀了商法的外在独立

---

❶ Vgl. Jacob Riesser, Der Einfluss handelsrechtlicher Ideen auf den Entwurf eines bürgerlichen Gesetzbuchs für das Deutsche Reich, 1894, S. 6ff.

❷ Vgl. Peter Raisch, Die Abgrenzung des Handelsrechts vom Bürgerlichen Recht als Kodifikationsproblem im 19. Jahrhundert, 1962, S. 2ff.

❸ 类似观点可参见张谷：《商法，这只寄居蟹——兼论商法的独立性及其特点》，载《清华法治论衡》2005 年第 6 辑，第 17 页。

性❶：在制度构造上，商法依然垄断大部分商事规范，但民法规范对部分共通的财产法制度同样具备了表达能力，民商合一得以成为一种立法选择。从根本上来看，私法的这种变迁源于 19 世纪二三十年代以来工业革命在欧洲大陆扩展之后所引起的经济社会关系变迁：一方面，工业革命导致工商业人口不断增长，市场交易相应取代了自给自足的农业生产❷；另一方面，工业的生产效率高于农业，因此，一种有利于工业的经济结构变化势必导致人均收入的提高，财富与工商业品的同步增长为市民社会的商业化提供了可能。

　　这种商法外在独立性的削弱在私法领域的适用前提包括：第一，民法与商法的适用主体具有政治与法律上的平等性。19 世纪所发生的政治革命与改良使个人的人格得到私法上的尊重，由此关于契约自由、处分自由、结社自由的原则与制度得到确立。❸在商法领域，行会强制制度、就地采购制度（Bannrecht）因君

---

❶　笔者所称的"外在独立性"，不仅涉及法典层面的商法形式独立性，也包括具体制度层面商法规范相对于民法规范的独立存在价值（规范独立性）。而所谓"内在独立性"，强调的更是一种法体系意义上的独立性。在契约成立、物权取得等规范领域，存在广泛的商法规范独立性的削弱甚至部分丧失。

❷　例如，到 1850 年前后，法国的农业人口只占其全国人口的一半或者一半多一点；1871 年，德国的农业人口只占当年人口总数的 45%，到 1895 年则进一步下降至35.5%。参见 [英] H. J. 哈巴库克等主编：《欧洲剑桥经济史》（第 6 卷），王春法等译，经济科学出版社 2002 年版，第 576 页。

❸　对此可参见 Justus Wilhelm Hedemann, Die Fortschritt des Zivilrechts im 19. Jahrhundert: Ein Überblick über die Entfaltung des Privatrechts in Deutschland, Österreich Frankreich und der Schweiz, 1968, S. 4ff.。

主的诏书或法律而走向消亡❶，同时经营自由、迁徙自由成为基本价值，这使得商人不再是相对独立的阶层。由此，商法原先所具备的超越国家的特色荡然无存，从此与民法一起形成国家法的重要内容。第二，民、商事经济生活中共通的法律行为性的往来（rechtsgeschäftlicher Verkehr）进入实证法中，即就基本法律制度而言，民法与商法开始共享基本的制度组件，这其中尤其以私法自治与意思表示为重。❷第三，市民社会不断商业化，市民新的法律形象甚至以商人为原型加以塑造。❸由此，商业活动重塑了整个市民社会及其法制，譬如特定物买卖的主导地位让位于种类物买卖，对教会法上利息禁令的破除，一般交易条件的盛行，受让财产时继受该财产上的负担（此项尤可服务于营业转让），债务承诺和债务承担的非要式性，会社的财产权（而非将会社财产诉诸债之关系），情势变更条款以及受商事习惯影响的检查、通

---

❶ 欧陆对行会制度的废除，早在法国大革命之前（1776 年 3 月 12 日）就已经在法国开始了。当时杜尔哥（Anne Robert Jacques Turgot）为增加财政收入而颁行了废除行会的改革法令，该法令虽曾因杜尔哥下台而一度中辍，但其基本内容仍于 1791 年得到最终确立："任何人均有从事营业及选择职业之自由。"（Il sera libre à toute personne de faire tel négoce ou d'exercer telle profession, art ou métier qu'elle trouvera bon.）在德国，普鲁士 1810 年法令（Edikt）和 1845 年营业法规（Gewerbeordnung）中的移动自由（Bewegungsfreiheit）和营业自由内容都对其他各邦产生了深远影响，并最终促成了北德意志诸邦营业法规在 1869 年的出台。对此可参见 Justus Wilhelm Hedemann, Die Fortschritt des Zivilrechts im 19. Jahrhundert: Ein Überblick über die Entfaltung des Privatrechts in Deutschland, Österreich Frankreich und der Schweiz, 1968, S. 4ff.。

❷ 正如海德曼（Hedemann）指出："现代的交易生活（Verkehrsleben）建立在契约自由、处分自由和结社自由之上。" See Justus Wilhelm Hedemann, Die Fortschritt des Zivilrechts im 19. Jahrhundert: Ein Überblick über die Entfaltung des Privatrechts in Deutschland, Österreich Frankreich und der Schweiz, 1968, S. 3.

❸ 参见［德］古斯塔夫·拉德布鲁赫：《法律上的人》，载《法律智慧警句集》，舒国滢译，中国法制出版社 2001 年版，第 144 页。

知义务，等等。[1] 当这些前提条件在 19 世纪成就之后，私法究竟应当一元抑或二元的争议就真正产生了。

二、民商关系相对性理论的形成及其反思

以商法规范外在独立性的削弱事实为契机，商法的形式独立性开始遭到质疑。瑞士学者蒙钦格就认为，民法与商法的具体界分是无解的，因此，在 1864 年瑞士商法草案的起草过程中，他就计划在商法的标签下尽量统合共同债法的内容，商法实际上被作为债法的一部分来加以处理。[2] 1864 年瑞士商法草案是 1871 年瑞士债务法草案的基础，由此私法统一调整的转向在欧陆出现了。不过，蒙钦格的质疑本质上并没有逾越商法外在独立性削弱的范畴，因此，瑞士债务法中仍然存在大量属于商法的内容。相形之下，欧陆商法学者所提出的针对商法独立性的整体质疑则殊值探讨。这种质疑被德国商法学者概括为民商关系的"相对性理论"（relative Theorie）。

（一）民商关系的相对性理论

如果从历史事实的角度观察商事实证法在 19 世纪的演进，我们的确会发现，民法与商法的关系并没有因为法秩序的建立而固化，相反，民法处于商法的持续影响之下。面对民法继受商法的这一历史过程，谁都无法忽视民法与商法所形成的直观的相对

---

[1] 对此可参见 Eduard Wahl, Der Handelsverkehr als Schrittmacher des Zivilrechts, besonders bei der Einschränkung des Vertragsprinzips, in: FS für Wolfgang Hefermehl（70. Gebtg.）, 1976, S. 1ff.; Justus Wilhelm Hedemann, Die Fortschritt des Zivilrechts im 19. Jahrhundert: Ein Überblick über die Entfaltung des Privatrechts in Deutschland, Österreich Frankreich und der Schweiz, 1968, S. 15ff.。

[2] Vgl. Peter Raisch, Geschichtliche Voraussetzungen, dogmatische Grundlagen und Sinnwandlung des Handelsrechts, 1965, S. 73ff.

关系。19 世纪的商法学家身处其中，更难抗拒这种相对性关系理论：民法与商法的边界是相对的，这种边界的划定取决于一般民事交易法对商业活动的适应性。❶

在德国，商法学者戈德施密特和安德曼（Endemann）是这方面的代表。前者针对民商关系提出了著名的"冰川理论"，认为商法是新的法律规范的襁褓，然后犹如冰川融化，源源不断地进入民法之中，商法由此成了民法的青春之源。❷ 在他看来，私法体系对商法的需求取决于民法的交易友好性（Verkehrsfreundlichkeit），而这种交易友好性就是罗马法中没有特别的商法的原因。❸ 与此类似，安德曼也认为，在一个区域或社会中，如果商业表现活跃，则将进步的商法纳入民法的需求就越大，而民法如果拒绝对这种商事往来与社会变化做出反应，则对商法的需求就越明显。❹ 这也可以从商法史中得到印证：在中世纪，与商业活动不兼容的教条在经济生活中常常引起冲突，迫使商人自我立法，形成独立的商人法。❺

正是在这一历史、实证的观察维度下，商法作为民法"先

---

❶　Vgl. Peter Raisch, Geschichtliche Voraussetzungen, dogmatische Grundlagen und Sinnwandlung des Handelsrechts, 1965, S. 13ff.

❷　Vgl. Peter Raisch, Geschichtliche Voraussetzungen, dogmatische Grundlagen und Sinnwandlung des Handelsrechts, 1965, S. 57ff.

❸　Vgl. Peter Raisch, Geschichtliche Voraussetzungen, dogmatische Grundlagen und Sinnwandlung des Handelsrechts, 1965, S. 13ff.

❹　Vgl. W. Endemann, Handbuch des deutschen Handels-, See-und Wechselrechts, 1881, S. 16ff.

❺　Vgl. Peter Raisch, Die Abgrenzung des Handelsrechts vom Bürgerlichen Recht als Kodifikationsproblem im 19. Jahrhundert, 1962, S. 13ff.

锋队"❶的经验结论才被提出并深入人心；同样在这一观察之下，"民法商法化"的议题应运而生，并不断考问着商法的存在价值。❷以民法与商法的"相对性关系"理论为基础，安德曼最终否认了商法在教义学上的独立价值：商法终究只是一个过渡方案，等到民法对商事往来的诸多内容作出反应之时，其历史使命就告终结了。❸安德曼的思想在当时未居德国商法学之主流，却通过维万蒂等人的努力，在意大利开花结果，成为1942年《意大利民法典》民商合一立法体例的思想渊源之一。后者从历史角度分析认为，商事法院的管辖范围一直处于扩张状态，商法典适用范围的扩大也从未停止，因此立法者也能够扩张商法的适用范围，实现法律主体在私法上的平等性。❹与此类似，在荷兰学者莫伦格拉夫（Molengraaff）看来，民商分立的原因无非在于，民

---

❶ Christoph Reymann, Das Sonderprivatrecht der Handels-und Verbraucherverträge: Einheit, Freiheit und Gleichheit im Privatrecht, 2009, S. 70. 与此类似，德国商法学者瓦尔（Wahl）将商事往来称作"民法的先驱者"（Schrittmacher des Zivilrechts）。Vgl. Eduard Wahl, Der Handelsverkehr als Schrittmacher des Zivilrechts, besonders bei der Einschränkung des Vertragsprinzips, in: FS für Wolfgang Hefermehl（70. Gebtg.）, 1976, S. 1ff. 不过，在中国的商法史上，这种先锋队作用则呈现出另一种状态。大一统王朝对商业活动的抑制使得商人法无以形成。晚近百年，我们同样处于"无须言商"和"不敢言商"的旋涡之中。但是，改革开放之后，民事法律的铺陈最先也是出于商业交往的需要，商业往来最初虽然无法在具体制度上对民法提供给养，却在观念上强化了私权保护的纲要。稍晚的合同法则明显在很大程度上受到作为商事法律的《联合国国际货物销售合同公约》（CISG）的影响。

❷ "民法商法化"亦应与"民法典商法化"作出区分。采纳民商合一体例，以呼应"现代化市场经济条件下的所谓'民法的商法化'"者（梁慧星：《民法总论》，法律出版社2011年版，第13页），实际上是"民法典商法化"，并不影响实质意义上民事规范的价值取向。

❸ Vgl. Christoph Reymann, Das Sonderprivatrecht der Handels-und Verbraucherverträge: Einheit, Freiheit und Gleichheit im Privatrecht, 2009, S. 71ff.

❹ Vgl. Peter Raisch, Geschichtliche Voraussetzungen, dogmatische Grundlagen und Sinnwandlung des Handelsrechts, 1965, S. 150. 不过，维万蒂的思想并非《意大利民法典》的唯一渊源，法典中保留若干针对企业的特别规范的思想则来自莫萨（Mossa）。

法因追求稳定而忽略了经济往来在这一时代的需求，因此民法的革新足可形成民法与商法的融合。❶

民商关系相对性理论的本质其实在于否定商法的内在独立性，独立商法典形式（商法的形式独立性）的式微则不过是这种内在独立性丧失的必然结论而已。该学说的源流在 19 世纪及 20 世纪的深远影响是不争的事实❷，但其合理性则仍待检讨。

（二）民商关系相对性理论之历史、实证法反思

民商关系的相对性既是历史事实，也是解释理论。以此推论，民法与商法的二元格局终将走向崩溃而代之以兼容民法与商法的一元的私法（Zivilrecht 或者 Privatrecht）与私法法典。相对性理论以历史与实证的观察为基础，无疑有其正确性；同时促使我们不断反思商法在多大程度上能够被一般化，或者说，具体的商法规范在何时应当转变为或理解为民法规范。在司法实践过程中，民法与商法的相互渗透则形成了值得认真对待的规范适用问题。不过，相对性理论的正确性仍应加以诸多前提与限定：第一，在时间上，19 世纪商法作为民法的先驱，在很大程度上也可以解释成是因为民法的过度落后，换言之，民法的商法化现象可能会从历史的某一个时点起迅速放缓——20 世纪 70 年代以来，高举"法学发展先锋队"旗帜的，就是消费者保护运动的兴起。❸

---

❶ Vgl. Peter Raisch, Geschichtliche Voraussetzungen, dogmatische Grundlagen und Sinnwandlung des Handelsrechts, 1965, S. 144ff.

❷ 比如，德国商法学者维奎多·艾伦伯格（Victor Ehrenberg）也赞同"相对性理论"，认为只存在"当时的商法"（jeweiliges Handelsrecht）。Vgl. Victor Ehrenberg, Handbuch des gesamten Handelsrechts: mit Einschluss des Wechsel-, Scheck-, See- und Binnenschiffahrtsrechts, des Versicherungsrechts sowie des Post- und Telegraphenrechts, 1913, S. 18.

❸ 在欧陆，则间接通过欧盟消费者立法指令而转化，从而在契约法领域形成一般契约法、消费者契约法和商事契约法三足鼎立的局面。

就商法的"先锋队"角色而言，债法与动产物权法的大厦早已经建设完成，纵然在民商合一的民法典立法体例下，面对传统民法的余绪，法学家也只需修饰这座大厦，以新的有名契约类型加以补充完善就可以了。第二，基于实证法历史观察的相对关系理论存在先天误判：民法商法化的原因可能是这些所谓商法规范本就属于民法的范畴 ❶，只是出于法典编纂的历史偶然性而出现于商法典之中，这就使得民法商法化的规模在一定程度上被放大。第三，对于核心的商法领域，如商号法、商事登记法、经理权、商事代理权以及商事性的居间、行纪等，仍无法被一般化——即便在民商合一的瑞士债务法中，也仍然存在民法与商法明显的"结构对立"。❷第四，民法中有关自然人、亲属与继承部分，盖难商化。

就当下的商法而言，戈德施密特的"冰川理论"比喻或许应当做一修正才显正确：商法如同冰川之上游，新的积雪依然在形成，唯其下游冰川消融的速度却大大地放缓了。即便法学家们以新的商事契约类型（如保理合同）补充私法法典，并冠之以"民法"之名，也无损其商法制度的性质。由此，我们从理论上否决了以民法商法化为历史依据的民商关系相对性理论的绝对正确性，从而否定了商法在未来"成建制"地消亡并完全融入民法的可能性。但是，民法与商法二元格局的消失逻辑上也可能以"商

---

❶　Vgl. Peter Raisch, Die Abgrenzung des Handelsrechts vom Bürgerlichen Recht als Kodifikationsproblem im 19. Jahrhundert, 1962, S. 24ff.

❷　Franz Bydlinski, Handels- oder Unternehmensrecht als Sonderprivatrecht, 1990, S. 14ff.

法民法化"的姿态出现。❶ 如学者所言，"商法民法化"终将宣告商法的死刑，尤其是商法赖以生存与发展的规范创制与争议解决机制上的自治将被剥夺。❷ 不过，有意识的商法民法化既未在历史上真正出现，也不可能在未来大规模上演❸：第一，民法的商法化是以民法的落后为背景的，如果民主法治国家的立法机关进行民法化的商事立法或立法改革，则其立法活动的正确性只能在于商法的相对落后，而这种前提在现在社会是不具备的；第二，民法与商法逐渐各司其事，民法既无能力也无意图救济或侵入商法；第三，市民与商人阶层的对立早已消失，对营业自由的普遍性需求也终将抵制对商法的无端仇视。

---

❶ 民法典的商法化有时也会被看作"商法民法化"的一种表征，即在某一时点，业已成熟的商事制度"在可能的范围内，脱离商法，被民法接纳"，从而使民法时刻承受因商法规范的革新而产生的改革压力。参见张谷：《商法，这只寄居蟹——兼论商法的独立性及其特点》，载《清华法治论衡》2005 年第 6 辑，第 20 页。其实，法典意义上的商法民法化名不副实。因为进入民法典体系之中的商法规范，既以商人或者商行为为主要适用对象与客体，则其性质上仍属商法。真正意义上的商法民法化，应概括为以现有民法规范（适用于所有法律主体的一般私法规范）规制商人与商行为，从而使商法规范原有的规范特质与规范内容事实上趋于消亡的法律现象。

❷ 参见张谷：《商法，这只寄居蟹——兼论商法的独立性及其特点》，载《清华法治论衡》2005 年第 6 辑，第 21 页。

❸ 也有学者从商法强调"公正与可预见性"与"商事制度与公平的友善标准"（the brotherly standard of fairness and commercial institutions）角度出发，论证"商法民法化"的存在。See Boris Kozolchyk, *The Commercialization of Civil Law and the Civilization of Commercial Law*, 40 La. L. Rev. 41-46（1979）. 但前者正如英国曼斯菲尔德（Lord Mansfield）大法官在 Vallejo v. Wheeler 一案的判词中所说："对商事往来而言，确定性应是重要的目标。"See Vallejo v. Wheeler（1774）1 Cowp 143, 153. 后者本质上不过涉及对早期绝对化的契约自由思想的限制，本身就是商事制度要求更加注重信赖保护的体现。换言之，这些变化仍在商法制度的自身变革与商业社会的内在逻辑范畴之内，与"民法化"关系不大。不过，因立法与法学的薄弱，商事案件在司法实践中以民事制度加以裁判却是不争事实，这一因民商关系混沌不清而导致的弊端，恰是本书的问题意识之一。

由此可见，从 19 世纪以来的商法历史与实证法角度看，私法的二元格局并未受到动摇。不过，取道于历史与实证法事实上仅涉及一种面向实然的向后的思维，历史的偶然性与实证法的不稳定性时刻影响着上述判断的正确性。民法与商法的二元格局本质上涉及的是私法认识论意义上的价值判断，因此，如果我们的目标在于完善私法体系的认识与建构，进而辅助于司法实践，则势必需要在超越历史与实证法论证思维的基础上，继续寻找我们时代私法二元格局的法理基础。

第四节　现代商法的独立性基础及其证成

从实证法角度看，19 世纪晚期开始涌现的民商合一潮流在 20 世纪继续传播，并影响了包括当时中国在内的许多法律继受国家。不过，从前述有关瑞士、意大利民法的分析中可知，实证法上的民商合一并未彻底消弭商法继续存在的事实。因此可以说，20 世纪以来的民商关系较之 19 世纪并未发生根本变动。我们仍可接续上文论述，完成现代商法的独立性基础探寻与体系定位。

一、商法独立性的面向及论证起点

对于商法内在独立性的基础，长期以来未能有完全令人满意的解答。如果认定（广义）商法是适用于商人的法，那么这一标准立即会在适用于一切主体的票据法面前碰壁。如果认同黑克

（Heck）的看法，认为大规模重复交易产生商事规范需求[1]，则同样无法否认的是，一方面商法规范同样适用于那些小规模的交易（如艺术品交易），另一方面大规模交易也未必全然适用商法（如非现金结算的诸多支付往来）[2]。其实，试图通过单一的超实证法概念实现对当代民法与商法二元格局的解释，是难以取得成功的。民法与商法的二元格局涉及的其实是更为理论层面的体系分殊问题。

笔者在上文中已将商法的独立性划分成商法的内在独立性和外在独立性两部分。其中，外在独立性又涉及商法的形式独立性与商法的规范独立性问题。商法的规范独立性的削弱所引起的民商关系相对性理论其实隐含着一种担忧，即商法的规范独立性若不断削弱以致消亡，则其内在独立性也将失去意义，因为前者意味着所有商法规范可以在民法中得到表达。从历史与实证法角度观察而得出的相对性理论固然可以重返历史及实证法进行批判，但是应然层面的论证仍付之阙如。广义商法包括狭义商法（商法总论）与商事特别法。就后者而言，实证法在功能与规范内容上的独特性使人们忽视了其背后潜藏的体系定位问题；就前者而言，数百年来商法独立性之争多源于此。下文将阐明，民法与商法的二元格局乃出于私法目的论体系的分殊而得出的结论。但狭义商法领域仍需首先论证其外在独立性之存续，方能为其体系独立提供讨论的意义基础。在此基础上，我们将进一步在法体系的层面上对民法与商法的二元格局进行论证。

---

[1]　Vgl. Heck, Weshalb besteht ein von dem bürgerlichen Rechte gesondertes Handelsprivatrecht?, AcP, 1902（92），456.

[2]　Vgl. Canaris, Handelsrecht, 24. Aufl., 2006, §1 Rn. 15ff.

二、狭义商法外在独立性的存续作为内在独立性的意义基础

形式的商法典是商事往来系统整合的集中表现，包含了狭义商法体系的诸多要素，因此，针对比较法上的重要商法典进行基础要素的分析可以作为狭义商法独立性论证的第一步。当然，狭义商法外在独立性的论证不能脱离其法教义学上的建构意义，因此，我国的现有私法秩序可以在一种反映社会经济现状的"自然存在"意义上对比较法中的商法秩序进行历史反思，以发现商法的历史基础和现实教义学基础。为论述简便起见，本小节所称"商法"原则上指"狭义商法"。

（一）外在独立性的制度基础：企业经营组织作为主体性要素对商法特别制度构成的意义

法律作为社会规范，其有效性基础在于"基于有关价值的共识或基于相互理解的一种主体间承认"[1]。从起源上看，商法是一种经由商业活动形成的自发秩序[2]，虽然在 19 世纪以商事制定法的身份出现，但国家法确认这项通过议会民主制而产生的新的合法性王冠并不改变其自发秩序的内核[3]。因此，行之有效的商法典其实隐含着商事主体间的制度共识与承认。从商事制度特别于民事制度的角度看，主体的特殊性起着基础性的作用。换言之，商

---

[1] Jürgen Habermas, *On the Pragmatics of Social Interaction, translated by Barbara Fultner*, The MIT Press, 2001, p.12.

[2] "自发秩序"具有戈德施密特所说的"自然法"意味。在他看来，正是这种处于自然法状态下的商法（相对于作为成文法的商法），才具有强大的法律续造能力。Vgl. Levin Goldschmidt, Universalgeschichte des Handelsrechts, 1891, S. 12.

[3] 例如，股份公司制的形成就是殖民主义与工业革命之后的经济产物，但股份制的形成反而早于股份公司法的立法。Vgl. Karsten Schmidt, Gesellschaftsrecht, 4. Aufl., 2002, S.758–759.

法作为特别法，在本质上的确是以商人为对象加以建构的。这也可以从实证法上得到印证❶：现代意义上之形式商法典，独采主观体系或客观体系者盖少，兼采而成混合体系者则多。❷单一的立法体系向混合体系转变的过程中，其进路是截然不同的：客观体系中引入主观因素，除了利用"商人"概念的法教义学建构能力，还因为诸多法律后果唯有与特定主体相连才显合理。❸而主观体系中引入客观因素，主要是为了克服因严守商人身份之前提而在个别情形中所导致的法律适用范围过窄的不足。❹

---

❶ 此外，以商人为核心建构商法体系的见解同样符合商法的历史渊源和商法教义学上的妥当性。类似观点参见 Peter Raisch, Die Abgrenzung des Handelsrechts vom Bürgerlichen Recht als Kodifikationsproblem im 19. Jahrhundert, 1962, S. 21。

❷ 《法国商法典》原采客观体系，但经过改革之后，仅仅存在商行为并不足以直接导致商法典的适用，还同时要求职业化、经常性地从事（profession habituelle）商活动，即引入了主观要素。尤其是，第 L110–1 条第 9 款规定，商人之间的行为原则上是商行为，更是明显地与主观因素相连接。Vgl. Andreas Heinemann, Handelsrecht im System des Privatrechts: Zur Reform des deutschen Handelsgesetzbuchs, in: FS für Wolfgang Fikentscher (70. Gebtg.), 1998, S. 349ff.

❸ 如前述《法国商法典》第 L110–1 条第 9 款的规定。再如，《西班牙商法典》常常被认为是客观主义立法模式之典型，但其商法典在建立客观标准（商行为）的同时不得不考虑主观标准：一方面，大量契约（行纪、保管、借贷运输、保险）的商事属性的认定需以商人的参与为前提；另一方面，西班牙商法学家也认为，有必要规定类似于《德国商法典》第 343 条那样的关于商行为的推定规则。See Denis Tallon, *Civil Law and Commercial Law*, in R. David et al (eds.), *International Encyclopedia of Comparative Law*, Vol. Ⅷ, Chap. 2, Tübingen: J. C. B. Mohr, 1983, p. 21.

❹ 举例而言，《德国商法典》第 345 条规定，单方商行为若无相反规定亦得适用商法典。这被视为主观体系向客观体系接近的例证。Vgl. Canaris, Handelsrecht, 23. Aufl., 2000, § 1 Rn. 3. 但是，这一条文的适用范围其实并不宽，仅限于第 352 条第 2 款（商人利息）、第 355 条和第 357 条（往来账户）、第 358 条至第 361 条（履行的时间和方式）、第 363 条至第 365 条（商人指示证券）、第 366 条（善意取得）而已。Vgl. MünchKommHGB/Karsten Schmidt § 345 Rn. 4. 对于这些条文，学说上亦不乏争议。奥地利学者比德林斯基就认为，这些规范都是历史的产物，虽在之后的岁月里得到幸存，但是它们仍然没有得到合理化。S. Franz Bydlinski, System und Prinzipien des Privatrechts, 1996, S. 435. 因此，上述规范若涉及不当加重非商人一方的负担，则在适用之时应予限缩。

不过，对于我国目前的私法秩序而言，将商法理解成"商人的特别私法"有其局限性：其一，商法的定义着眼于"商人"，而未能关注商人具体形态在 20 世纪以来出现的新转变。其二，该定义将关注的重点置于商法与一般私法之间的联结上，使民法常常作为商法规范欠缺时的补充性法律渊源，同时倾向于将商法看作民法主旋律的变奏曲，商法的法律续造常常受到民法思维的影响——在商事实证法表达不充分的我国，这种影响尤为明显。其三，对我国的私法秩序而言，"商人"概念在实证法上的阙如使得以此为基础的商法教义学常常得不到完整表达❶：在商法学中，商事特别法占据了主要话语权；属于狭义商法的内容（或冠之以"商法总论"之名），一方面要承受来自民法学科的侵蚀，如在商事契约法领域，商事有名契约构成统一合同法学的组成部分；另一方面诸多以商人为基础的商事制度（如商行为通则）若无民事立法的支持，则不得不转而以商事特别法为重要知识来源。❷

其实，商人作为商法的法理基础，只能在商法与经济社会史中得到证成，也将因历史条件的改变而得到检讨。事实上，欧陆 19 世纪的商事立法大多建立于当时占商业经济参与形式核心地位的"交换商"基础之上，如德国商法中的商主体制度就是以中世

❶ 就商主体法而言，"商人"概念属商事规范适用的连接点，关涉大量商事规范适用与否的基础问题。因此，采民商分立立法体例国家的商事立法对此无不慎重，乃至不得不因时代变迁而几易其法。在我国，若从实证法出发，将取得法定形式之个体工商户（商个人）、公司（商法人）、合伙企业（商合伙）定为商人，大量未取得法定形式而从事商业活动的组织、团体将被排除在外，则显然极大地缩小了商人的外延。

❷ "商人"概念的缺失也使得围绕商人展开的制度在很长时间内没有得到充分的理论阐释，商号、商事代理以及营业转让等制度也是在最近几年才得到较为充分的研究的。如梁上上、李国亳：《商号法律制度研究》，法律出版社 2014 年版；刘文科：《商事代理法律制度论》，法律出版社 2013 年版。

纪的交换商人为蓝本进行法典编纂的。❶英国作为第二次产业革命的先驱，体现中世纪特色的"负贩商人"（packman merchant）❷在 1825 年才告绝迹。而在欧陆，这种中世纪商人退场的进度则可能稍晚。然而不可忽略的是，19 世纪同时是科技革命迅速推广、经济参与形式急剧变化的时代——手工工业的退场、生产部门的规模化、有限责任公司与股份公司制度的确立与发展，都是19 世纪社会经济形态变革的产物。因此，寻找商事法构造的前提需要承认一种在社会层面早已发生的范式转换。然而，西欧国家缓慢发生的这种范式转换在我国则表现为急剧转型——时至今日，改革开放初期广泛存在的类似于"负贩商人"的自然人商主体形态显然已经不再是社会典型形态，取而代之的则是大规模兴起的商业化组织体，即企业经营组织。规模庞大、部门繁多的企业组织法（如公司法、合伙企业法、个人独资企业法、外资企业法……）从上层建筑层面反映了这一社会事实。

　　毫无疑问，作为客体的"企业经济组织"是无法独立于作为法律主体的商人（或曰"企业经营者"）而存在的。❸强调企业经济组织的重要性本质上不过涉及观察视角的转变，并不排斥商法

---

❶ Vgl. Peter Raisch, Geschichtliche Voraussetzungen, dogmatische Grundlagen und Sinnwandlung des Handelsrechts, 1965, S. 17ff.

❷ 通常是由他们在制造业区域买进普遍需要的廉价纺织品、刀具和其他货物，用马队或骡队"从一个城镇运达另一个城镇；然后在一个客栈里把他们的货物卖给当地的小店主"。参见［英］克拉潘：《现代英国经济史》上卷，姚曾廙译，商务印书馆1964 年版，第 280 页。

❸ 商法学语境中的"企业经营组织"（Unternehmen）概念应当在客体的意义上进行理解，即经济和法律统一体。它应当区分于作为法律主体的"企业经营者"（Unternehmensträger），后者可能以自然人、法人或者共同共有共同体（如我国民商法中的合伙企业）的形态出现，构成了私法活动中权利与义务最终的承载主体。对此可参见 Karsten Schmidt, Handelsrecht: Unternehmensrecht Ⅰ, 6. Aufl., 2014, S. 105ff.。

作为特别法仅适用于小范围私法主体的判断。因此，"商人"作为商主体在法体系上的不可或缺性与"商人"概念在大陆法系私法体系和中国商法学中所呈现出的不足需要，可以通过与之密切相关的"企业经营组织"概念进行调和。进一步讲，这涉及法律制度及体系建构对社会中典型形态的选取问题：诚然，商法所面临的商事主体的形态总是多样的，但商法规范唯有根据商事主体的普遍类型来确立方显其妥当性，而企业经营组织恰好符合我们时代商法存在的典型社会实存。商法的历史变迁反映着商业社会的结构变迁，当代商法密切关注着营业转让（及租赁）、商号、商事代理（商事代理权、经理权）、商行为等商法制度，以及持续性商业往来（die laufende Geschäftsverbindung）等准契约关系。而这些商法制度与法律关系，或在逻辑上以企业经营组织的存在为前提，或在经济生活中典型地适用于有企业经营组织存在之情形。[1] 这些制度虽然在实证法上通过立法技术可以融入民商合一的民法典，但是它们依然因其制度构成上与民法体系之间的不兼容性而构成独立于民法的实质商法。比较法上亦可见此端倪：《意大利民法典》在采纳了维万蒂的民商合一理念的同时，也融合了莫萨有关企业的思想，从而保留了若干针对企业的特别规范。

明确商法制度基础从商人到企业经营组织的转变除了类型学上的正当性，还具有商法教义学上的衍生功能与启发意义。商法固然是"商人的特别私法"，但如果我们重返事务的本质和交易需求，则更为妥善的定义应该是"企业经营组织的外部私法"

---

[1] 对此，需要认识到类型学作为法律思考工具的重要性。在商法的视野中，固然存在非企业性的个体商人，如艺术品买卖商，但实质的商法制度的建立需依赖于生活中最为典型的商主体存在形态方有其正当性。至于实证化的商法如何将非典型的商主体形态纳入适用范围，在民商分立国家，是实证法上商法适用连接点设置的法技术问题，在民商合一国家，则是商法教义学的解释问题。

（Außenprivatrecht des Unternehmens）。❶ 这意味着在商法总论的论述体系中，原本作为整体的商主体的内部结构被打开并展示出了它所包含的外部私法意义上的客体面向。由此，我国的商法总论在欠缺完整法典支撑的基础上所打开的美丽新世界将取得超实证法的观察视角和论述主线，同时对诸多具体商法制度的论述也可经此变得更具有可理解性：譬如，商事代理权与其说与商人有关，毋宁说建立在营业的基础之上，因此，具体的商事代理权是否消灭，端视营业之存续而定 ❷；商号虽然是商主体的名称，但考虑到企业经营组织的识别，其转让就不应与企业经营组织相分离。

（二）外在独立性的评价基础：独立的商法原则作为商法规范区别于民法规范的伦理保障

上文已经揭示，现代商法的基础在于企业经营组织，这不仅体现为诸多商法制度以企业经营组织为前提而存在，同样体现为诸多商法制度以企业经营组织的参与为典型。企业经营组织在商法体系上的辐射效果一方面在于，许多商法制度，如商号、营业转让等，均围绕企业经营组织而展开；另一方面则在于商行为法（包括与商行为有密切关联的商事代理等制度），并由此造成商法在规范特质上异于民法的事实。

商法规范总体上具有与民法不同的特质。譬如，商法规范表现为更强的跨国性，商法在国际上的一体化和趋同化倾向更为明显，商法规范更追求简便、迅捷的商业往来并进一步拓展私法自

---

❶　对于后者的观点，可参见 Peter Raisch, Geschichtliche Voraussetzungen, dogmatische Grundlagen und Sinnwandlung des Handelsrechts, 1965, S. 179ff.; Karsten Schmidt, Handelsrecht: Unternehmensrecht Ⅰ, 6. Aufl., 2014, S. 7ff.。而其理论渊源，最早应可追溯至商法学者维兰德（Wieland）。

❷　参见王保树：《商法总论》，清华大学出版社 2007 年版，第 250 页。

治的空间，商法规范更追求商事往来的明晰性、公开性和信赖保护（涉及商事账簿、商事登记等制度），商法对注意义务提出更严格的要求，等等。❶虽然学界习惯以"商法的特征"名之，但上述特征的性质、位阶、意义与适用性却仍待解释、填补。其一，商法具有国际一体化、趋同化倾向，这所描述的是商法总体立法与改革的法政策渊源，与具体的规范特质没有直接关联。它具有总体法律改革上的指导意义。作为内国法的商法如果拒斥国际的法律趋同，则会有损商法的现实合理性，虽然通过准据法和国际公约（CISG 等）的适用同样能够确保跨国贸易的正常展开，但势必会在商法制度落后的国家产生法律市场流失与交易成本上升的现实问题。此外，若非与交易习惯相关联，该特征不具备司法实践上的评价意义。其二，除此之外的特征具有对商法规范的司法评价功能，它们事实上蕴含着商法的诸原则（Grundsätze）。不过，商法的规范特征总归属于一种事实，而原则则无疑属于价值，事实到价值的鸿沟如何跨越，尚待进一步阐释。

商法的规范特征本质上是对商法中部分相关规范取向的学理概括与抽象，而循着这些个别规范再往前追溯其渊源，则是以企业经营组织、大规模交易、商事主体的经验等商业社会的基本构成为内容。只是不同的规范中，这些事实得到了不同程度的反映。因此我们也可以说，这些彼此之间难以通约的商法规范特质共同以商业社会的事实为基础，服务于商法目的的达成，即确保以大规模交易为典型的商业往来的有效运作，并因商事主体在资质、经验、职业灵活性等方面的优越性而将相应的法律要求落实

---

❶　Vgl. Franz Bydlinski, System und Prinzipien des Privatrechts, 1996, S. 445ff.; Canaris, Handelsrecht, 23. Aufl., 2000, § 1 vor Rn. 14ff.; Karsten Schmidt, Handelsrecht: Unternehmensrecht Ⅰ, 6. Aufl., 2014, § 2 Rn. 41ff.

于其行为领域。❶

　　假如在商法领域全面革除这些规范特征，则商法民法化的现象就随之产生，此时商法势必僵而不死，并与商业生活的本质背道而驰。例如，商事买卖中买受人的检验、通知义务（《民法典》第 620 条、第 621 条），其中的"及时检验"与"合理期间"如与民事买卖作同样解释，则势必延长结算时间，从而有违商人谙于交易、富于经验、追求效率的生活事实。诚然，规范特征作为事实应当与价值作出区分，但两者却不是断然分离。上位价值与一定的事实相结合，可以产生下位的价值。在市场经济条件下，商法所欲实现之上述基本目的无疑应予固守——由此我们已得到一个应然命题（价值）。我们的推理再往前一步，使商法的基本目的与商业社会的事实构成（商事主体及其企业经营组织和典型性的大规模交易等类型化事实构成以及交易习惯等规范性事实构成）相结合，则商法的诸多原则（作为下位命题）便应运而生：（1）确保交易迅速成立、清算的原则；（2）信赖保护与交易安全保护原则；（3）交易的有偿性原则；（4）高度私法自治、自我负责原则。❷

　　换言之，商法规范的大部分所谓"特质"，绝非单纯的现象描述，而是蕴含了商法秩序中具有规范意义的商法原则。商法原则的存在无须仰赖于成文化❸，但能通过具体商法规则来加以实

---

❶　Vgl. Franz Bydlinski, System und Prinzipien des Privatrechts, 1996, S. 445ff.

❷　Vgl. Franz Bydlinski, System und Prinzipien des Privatrechts, 1996, S. 445ff.

❸　与此类似，民法诸多基本原则（Prinzipien）的存在同样不依赖于成文化。参见于飞：《民法基本原则：理论反思与法典表达》，载《法学研究》2016 年第 3 期，第 92 页。即便没有法典化的表述，这些民法基本原则与商法原则的存在也可以通过法的外在体系而得到明确贯彻，同时又因法的外在体系的建构需要避免矛盾的价值判断，以原则为基础建构的内在价值体系就显得不可或缺。因此，对一个妥善的法秩序而言，纵然缺乏对原则的直接表述，也不应否认它们的理性存在。在此基础上，民法基本原则与商法诸原则未经具体化又难以在司法实践中得到直接适用，因此也无直接规定之必要。

现；同时它未必具有直接的可适用性，但可以作为商法的内在体系与原则论据而存在。商法原则在结构上不像商法规则（属于"确定性命令"）那样具有明确的构成要件，因此以涵摄为主要适用方法，其属于"最佳化命令"。[1] 但其重要性却不能被低估。它们不仅对司法实践具有指示意义，对商法相对于民法的独立性而言也有支柱意义——以商法在基本目的与事实构成上的独特性为基础，商法在规范层面上的建构取得了自身的原则与自治的基础，从而与民法形成对比。例如，在信赖保护与交易安全的原则之下，明晰性、公开性要求又能在具体的商事规范中得到落实与体现。商号真实、公开的合目的性就体现于，它不仅确保商事主体自身的识别利益，同时确保其他市场参与者的利益和公共利益（如市场的有序竞争和消费者保护）。[2] 再如，商法对信赖保护的要求可以体现于商事善意取得制度之中——在行纪等商行为之下，买受人主观上善意的对象由所有权扩张为包括处分权，则是因为此类商行为的固有要求就是所有权与处分权的分离。

诚然，诸多商事制度与规范因其规制事项的相似性而常常能在民法中找到相应的制度与规范，商法的原则也能在民法中找到对应的内容。前者如商事代理之于民事代理，商事担保之于民事担保，商事留置权之于民法上的留置权，商法中的商号之于民法

---

[1]　从最佳化命令的角度讲，原则也是一种规范（Normen），"它要求某事在相对于法律与事实的可能范围以内以尽可能高的程度被实现"。Robert Alexy, Begriff und Geltung des Rechts, 1992, S. 120. 中译本参见［德］罗伯·阿列西：《法概念与法效力》，王鹏翔译，台湾五南图书出版股份有限公司 2013 年版，第 110 页。此外，有的学者否认原则的规范属性。S. Canaris, Systemdenken und Systembegriff in der Jurisprudenz, 2. Aufl., 1983, S. 57. 这一差异系因将规范在语用上等同于规则，与阿列西的见解并无本质矛盾。

[2]　Vgl. Stefan Weber, Das Prinzip der Firmenwahrheit im HGB und die Bekämpfung irreführender Firmen nach dem UWG, 1985, S. 27ff.

中的姓名权；后者如民商事法律中共同的私法自治原则、信赖保护原则、自我负责原则……由此，商法又常常被看成"民法主旋律的变奏曲"❶。但是，民、商事法律制度与原则的相互对应不能与相互同一相混淆。于前者，其差异及区分实益上文已有论述；于后者，亦应得出相同结论。法律原则作为最佳化命题，重要的不在于"有"或"无"的判断，而在于各原则的实现程度——这取决于民事社会与商业社会在目的与事实构成上的差异（如前述商事善意取得）。不可否认，历史、政治、地理等因素都会影响商法这支变奏曲的编排❷，从而个别音符可能会因为与民法主旋律在主题上的接近性而在实证法上被忽略、同化。譬如，我国合同法就规定了民商合一的买卖法，居间合同也未区分民事居间与商事居间，但是我们不能因为制定法的实然状态而否认这些民事合同与商事合同在实践与学理上的区分意义。❸因此，即便我们钟情"变奏曲"的比喻，也应当时刻把握这段变奏曲在对位、节奏上常常都有自己的编排基础，以至于产生了对民法主旋律入侵的免疫性。

---

❶ Canaris, Handelsrecht, 24. Aufl., 2006, §1 Rn. 47.

❷ Vgl. Wolfram Müller-Freienfels, Zur "Selbständigkeit" des Handelsrechts, in: FS für Ernst von Caemmerer (70. Gebtg.), 1978, S. 589.

❸ 此处再举《民法典》第962条（居间合同，原《合同法》第425条）与原《合同法》第224条（租赁合同）之例以明之。《民法典》第962条第2款规定："中介人故意隐瞒与订立合同有关的重要事实或者提供虚假情况，损害委托人利益的，不得要求支付报酬并应当承担损害赔偿责任。"该条文的设置以民事居间为典型而展开，只涉及居间人的如实报告义务，却未涉及其注意义务，因此难以涵盖商事实践中所存在的问题。与此相关的争讼可参见"李彦东诉上海汉宇房地产顾问有限公司居间合同纠纷案"（《最高人民法院公报》2015年第2期）。原《合同法》第224条第1款规定，租赁物之转租须经出租人同意。在商事租赁契约领域，出租人的同意权是否应当与民事租赁作相同解释，从而予以绝对保护，抑或应当着眼于商事租赁制度的营利性而作目的性限缩，则诚值探讨。对此可参见梁上上：《制度利益衡量的逻辑》，载《中国法学》2012年第4期，第75页。

三、商法内在独立性的体系证成

实证法固然是我们所面对的最重要的法律素材，但它并非机械地、静止地存在于法律生活之中，而是处于完整的"法"或者整个法秩序之中。因此，实证法虽然提供了法律适用的论证基础，但针对"法"所蕴含的价值或目的的省思事实上构成了法律适用的最终基础。具体法秩序的意义整体则构成了法体系，因此，即便我们已不再承认法体系作为法教义学知识的唯一正确性来源，但只要承认前述具体法秩序意义整体的存在，则其作为一种合乎科学逻辑的思维形态仍将存在于大陆法系的法学思考之中（典型如体系解释）。同样，以实证法形态存在的具体法秩序也无法等同于法体系。因此，私法的体系建构最终关涉商法法源与法律获取问题，带有目的性的商法独立性主张，自然应当在法体系学的意义上予以证成。进而言之，商法独立于民法的意义与证立基础，从根本上看并不取决于外在独立性，而取决于对法律适用而言有最终基础意义的内在独立性——商法体系相对于民法体系的独立性。体系的建构具有开放性与历史性，商法的体系建构因而也是商法学所面临的永恒挑战。就此而言，商法的体系独立性或者说私法的二元格局则是后续体系建构所必要的"前理解"。

当涉及教义学体系时，"体系"仍可根据不同的要素采撷而有多种建构可能性。但无论如何，大陆法系所追求的体系思考的目的在于获致评价的结果正确性与法秩序的内部统一性，且体系本身的特征中就应当包含（逻辑、公理及目的论上的）无矛盾性要求。❶卡纳里斯（Canaris）的体系论主张"一般法律原则的伦

---

❶　Vgl. Franz-Joseph Peine, Das Recht als System, 1983, S. 99ff.; Karl Larenz/Claus-Wilhelm Canaris, Methodenlehre der Rechtswissenschaft, 3. Aufl., 1995, S. 263ff.

理或目的论秩序"属于法的内在体系 ❶，其在克服外在体系意义空洞化，彰显超越个别规范的总体法律思想及评价标准的同时，却面临原则本身需待解释以及将一贯性（Einheit）作为体系结果加以处理而产生的单向度性问题 ❷。

　　不过，体系要素的选择涉及的是体系的具体建构问题，因此仍可通过对所谓"一般法律原则"进行进一步确定来加以解决。如果这种一般法律原则属于康德的道德命令范畴，作为其正当性基础的主体间承认在主体范围上就应当具有无限性。这并不合乎前文关于商法的正当性在于特定主体的判断。其实，现代商法涉及的是国家对社会的形塑义务，已不能单纯从私法领域个人自决的角度来理解。因此，在商法领域厥有意义的法律原则毋宁是上文所讨论的商法的（实用）原则，即高于技术规则的"准则"，相比道德原则，它的技术性面向更为突出。但是，纵然如此，以此类原则为要素建构商法的体系观的合理性却仍未得到证成：大量商法规则仍然无法回归于少数几条商法原则，至少大量所谓"法律技术性的"规整无法纳入前述商法的内在体系之中，而不得不继续求助于商法的外在体系。❸

　　但是，正如上文已经提到的，商法的诸原则实际上不过是商法规整的基本目的结合商业社会的事实之后所形成的价值。对于承载着系统整合与社会形塑目的的商法而言，其立法行为无不涉及对社会行为的调控，商事规范的设置（价值形成）亦无不在于实现此种目的。

---

❶　Vgl. Canaris, Systemdenken und Systembegriff in der Jurisprudenz, 2. Aufl., 1983, S. 157ff.

❷　类似批评可参见 Franz-Joseph Peine, Das Recht als System, 1983, S. 110。

❸　Vgl. Karl Larenz/Claus-Wilhelm Canaris, Methodenlehre der Rechtswissenschaft, 3. Aufl., 1995, S. 317ff.

由此可见，规范、价值与实现一定目的的手段之间具有抽象的等值性。进而言之，商法的体系就可以理解成一种由"目的-手段"的链条所形成的目的论体系。在该体系中，商法原则相对于具体的外部交易法而言具有目的属性，但其本身也构成上位目的的一部分。同时，在"目的-手段"的视野下，商事特别法作为商法体系的一部分就变得顺理成章。此外，在这种目的论体系形成的过程中，目的或价值的形成并非通过单纯的逻辑演绎，而是通过结合事实认知的经验判断来完成。据此，它一方面与单向度的演绎式价值体系形成区别，另一方面因目的的广泛性而能够实现对商法规范的包容性。

在法体系的划分问题上，德国学者派纳（Peine）适切地指出："当法典的主要目的是更高目的的手段，且下位目的构成前述主要目的或其他目的的手段时，该法典是体系的一部分；当法典中只存在一个作为更高目的的手段的目的，或者所有的下位目的构成该法典自身目的——该目的本身又是更高目的的手段——的手段时，该法典构成（封闭）的子体系。"[1]民法作为一般私法，承载着对市民社会的建构功能。虽然晚近以来，"解法典化"现象的出现使得作为一般私法基本表现形式的民法典不断被边缘化，同时民法典的价值立场也未必全然符合近代以来的立宪主义精神，但是通过适用于一切私法主体的民法典，完成其社会统合的"准宪法性功能"[2]，则是市民社会不可或缺的立法手段。从国家保护义务方面讲，民法以私法自治为内在价值续写宪政国家的法秩序，完成宪法所赋予公民的人格自由、营业自由、结社自由

---

[1] Franz-Joseph Peine, Das Recht als System, 1983, S. 112ff.
[2] 林来梵：《民法典编纂的宪法学透析》，载《法学研究》2016 年第 4 期，第 99—118 页。

等基本权利。❶从市民社会方面讲，法典化的民法也意味着社会与经济上的一致价值观的实证化。❷不过，同样是社会建构，民法的赋权行为的目的在于完成对自治市民社会的建构，因此，除家庭法领域存在明显的社会形塑取向外，中立的自治法仍是其基本定位；而商法自始以确保以大规模交易为典型的商业往来的有效运作为目标，追求的是商业社会的工具性效率，自治反倒成了一种手段，规范的具体塑造也可以因应商业社会的变化而不断演进。可见，民法与商法各自的目的论体系不具备可通约性，二者均属于以社会建构为目的的私法的子体系。此时，纵然两者的体系要素有时在形式上面临相同的意向对象（如同时涉及诚实信用），但基于不同的体系立场，其意象内容仍是不同的，由此需要不同的类型化路径，并形成不同的教义学结论。

　　不过，从国家与社会互动的角度看，民法的一般私法地位有其宪法正当性和民主正当性。也正因为此，民法作为一般私法便有其历史性和近代国族法秩序上的必然性。或许正是考虑到这种正当性与必然性，德国商法典筹备委员会面对民、商法典的法律素材问题时才会谈道："只有进一步根据民法典定稿之后才能确定何为这些法律规范的当然例外。"❸但是，《德意志一般商法典》同样包含大量有关法律行为与债法总论的内容，构成今日一般私法制度的规范大量委身于商法名下——我们固然可以将此归咎于民法典的缺失，以至于商法典不得不以自治心态全面解决商业活

---

❶　当然，就形式化的民法典而言，其功能又不限于此。对此可参见苏永钦：《寻找新民法》，北京大学出版社 2012 年版，第 35 页以下。

❷　参见［德］弗朗茨·维亚克尔：《近代私法史：以德意志的发展为观察重点》，陈爱娥、黄建辉译，上海三联书店 2006 年版，第 443 页。

❸　Levin Goldschmidt, Die Codifikation des Deutschen bürgerlichen und handels-Recht, ZHR 1874（20），140.

动带来的制度需求，但是吾人若置身于彼时的立法环境之中，以一般商法典立法者之姿态端视前述制度，则我们显然仍会将其看成商法制度的组成部分，而不仅是未来一般私法的内容。

换言之，抛开实证法的定见不谈，仅从法律部门固有内容的角度看，涉及债法与物权法的大量内容同时属于民法与商法的体系，只是出于民法（及其载体民法典）全面立法的宪法正当性和民主正当性，此类规范才被纳入民法典的范畴，并在实证法上被视为一般私法的内容。同时为避免私法制度叠床架屋，在采民商分立体例的国家，相应内容自不应在商法典中重现；在采民商合一体例的情况下，当然更无须重复规定。然而，实定法的现状终究只涉及局部领域、规范层面的外部独立性削弱，对于商法的内在独立性及民法与商法久已形成的二元格局，则并无影响。

第五节　二元格局的体系意义与实践意义

行文至此，民法与商法二元格局的体系意义已至为明显：从法体系的角度看，刻板地以一般私法与特别私法来描述民法与商法的关系并无明显的教义学上的建构意义。因为这种体系认知的目的不过在于有序描述法律素材的外部体系，对于体系所应发挥的避免评价矛盾及法律获取功能则力有未逮。就此而言，私法的体系首先应当划分成民法与商法两个子体系，除了部分共同规范通过民法得到表达，不存在彼体系对此体系的支配关系。在此基础上，商法又可进一步划分成由狭义商法及企业法等商事特别法所共同构成的商法局部体系。

据此，民商合一的民事立法虽然可以在规范层面一定程度上消除商法作为规范群的自治性，却无法消除商法在体系上的自治性。因此，名义上追求"民法典"而实际上追求"私法法典"的立法活动应当兼蓄、包容无法被民法通约的商法内容：不仅在法源层面应当考虑到商法的特殊性，在具体制度的设计上也应把握商法所具有的建构商业社会的目的性，从而以商业社会的事实为经验基础，对商事活动进行灵活规制，而无须受制于自治法定位的民法原则与规则。

就司法实践而言，将商法描述成"特别私法"不仅显得缺乏实益，反而一方面会在个别制度层面时刻暗含着商事制度民法化的危险，即民法制度作为商法制度在商事案件中得到适用，因为在规范的适用上，欠缺特别规定则适用补充性的民法规范，这至少具有逻辑上的正当性；另一方面则面临商法被矮化的风险，尤其是狭义商法的体系建构因欠缺实体法的直接支撑而难以趋于稳定。因此，如果说本章第四节的论述仅涉及民法与商法的二元格局在体系上的可行性，则其必要性就在于对我国民商事立法背景下商事司法实践与商法体系论述的视角转换：商法本身就是独立于民法的法体系，因此，除涉及民法与商法的共通规范外，民法规则相对于商事案件而言就不具备直接的可适用性。进一步讲，在采民商合一立法体例的我国，商事案件的法律适用面临三类规范选择：第一类，商事规范（如有关商事留置权的特别规定），得直接适用于商事案件；第二类，民法与商法的共通规范（如意思表示规则），亦得直接适用于商事案件；第三类，民法规范，需通过商法体系内的有效性论证之后方得适用。因为第三类规范的适用事实上已属于商法法律续造的一部分，单纯"一般法－特别法"的逻辑适用规则其实粗暴地排斥了法律续造的经验判断属性。

此时应当摒弃以往"向民法逃逸"的倾向，除应遵循漏洞填补的一般法则（如商事交易的需求、事物的本质等）之外，应当首先诉诸商法自身的渊源、商业习惯、立法计划（涉及法律内的法律续造）和商法原则（涉及超越法律的法律续造）。

然而，民法与商法规范的具体界分殊非易事，何况其边界在不同的历史阶段亦存在一定程度的变动性，因此，如何界定上述三类规范，则属商法体系具体建构所面临的任务之一。不过，对商法规范的识别与描述活动所涉及的是商法外部体系的建构，本身并不是对规范的性质进行评价的标准，而是结果。因此，商法体系建构的首要任务在于建立包含此类评价标准且以"目的－手段"思考方式为基础的目的论体系。就商法教义学而言，商事特别法在实证法的支撑下已获得相对而言长足的发展，而狭义商法学的体系建构则方兴未艾，尚待吾人在体系判断的基础上继轨耕耘。

第三章 | 中国私法中商事法律关系的
评价要素及其规范构成

第一节　引　言

在法典化的商事特别法之外，商事法律关系的实证性问题至今仍是我国私法学说中最混乱的章节之一。❶尽管民法与商法的二元体系受到了广泛承认❷，但是商事交易法（以下简称"商法"）的体系化仍面临巨大困难。一方面，商法以商事法律关系为规制对象，若后者未能得到澄清，则商法的法政策正当性和法体系的建构目的均会落空；但反过来，若无商法规范的系统揭示，商事

---

❶ 本章所讨论的商事法律关系，以商主体通过对外交易所形成的一般外部私法关系为限，不包含组织法、公法及商事特别法领域所涉及的特殊商事法律关系。关于后者的讨论可参见蒋大兴：《商事关系法律调整之研究——类型化路径与法体系分工》，载《中国法学》2005 年第 3 期，第 98 页以下；施天涛：《商事关系的重新发现与当今商法的使命》，载《清华法学》2017 年第 6 期，第 143 页以下。

❷ 从比较法的学说上看，在单一私法法典的基础上，继续肯认商法在法学学术与法学教育上的独立性毋宁具有通说地位。参见扬・彼得・施密特：《单一法典》，殷安军译，载《中德私法研究：民商合一与分立》（第 15 卷），北京大学出版社 2017 年版，第 177 页；Franz Bydlinski, Handels- oder Unternehmensrecht als Sonderprivatrecht, 1990, S. 10; Jürgen Treber, Der Kaufmann als Rechtsbegriff im Handels und Verbraucherecht: Überlegungen zum Handelsrechtreformgesetz, 199 AcP（1999), 525, 538。该立场晚近以来也为我国不少私法学者及司法实践所认同，参见张谷：《商法，这只寄居蟹——兼论商法的独立性及其特点》，载《清华法治论衡》2005 年第 6 辑；施鸿鹏：《民法与商法二元格局的演变与形成》，载《法学研究》2017 年第 2 期；钱玉林：《商法漏洞的特别法属性及其填补规则》，载《中国社会科学》2018 年第 12 期；于莹：《民法基本原则与商法漏洞填补》，载《中国法学》2019 年第 4 期。

法律关系作为一种社会关系就不可能巨细靡遗地得到识别。商法的体系与商事法律关系的认定彼此等待，迟迟无法形成完整的诠释学循环。这在很大程度上引发了商法体系建构的科学性危机与商法总论的学科危机。❶另一方面，若取比较法作为这种纾困的突破口，则在比较对象的选择上就会遭受质疑。特别私法背后通常潜藏着法律史、法技术与法政策考量❷，浮于表象的法规范并不能当然地予以移植❸。

　　不过，商事法律关系界定的复杂性并不改变其在商法体系建构与司法实践中的基础地位，这决定了上述所说的诠释学循环缺位状态的打破，也应在此展开。若将商法体系中的规范大体上区分为裁判规范与行为规范，则有关商事法律关系界定的规范显然属于前者。其他具有商法属性的行为规范的识别与评价作为一种目的论体系的建构活动，无论是借助于原则的具体化还是规则的解释与续造，商法体系中具体诚命的形成均无法脱离相对而言具有事实属性的法律关系的共同参与，因为商法独立体系正当性的教义学基础便在于商事法律关系。没有对商事法律关系的精确把

---

❶　关于商法基础理论陷于薄弱甚至缺失的状态，参见周林彬、官欣荣：《我国商法总则理论与实践的再思考：法律适用的视角》，法律出版社 2015 年版，第 118—120页、第 123 页。

❷　在此意义上，克莫雷尔（v. Caemmerer）认为，商法是否由特别法来呈现只是立法技术问题，影响路径选择的更多的是历史因素。Vgl. v. Caemmerer, in: Rotondi（Hrsg.）, Inchieste di diritto comparato, Bd. 3, S. 11, 17. 类似基于历史观察的表述参见 Peter Kindler, Gesetzliche Zinsansprüche im Zivil und Handelsrecht, J. C. B. Mohr, 1996, S. 15.

❸　参见施天涛：《商事关系的重新发现与当今商法的使命》，载《清华法学》2017 年第 6 期；范健、王建文：《商法基础理论专题研究》，高等教育出版社 2005 年版，第 3 页。

握，甚至对商法规范群的框架构成都会产生问题。就司法实践而言，虽然人们一再提及"商事裁判理念""商事思维"的重要性❶，然而对于何为商事法律关系或商事案件，则仍未形成共识❷。尤其是，在典型的商事有名合同与涉及商事属性的动产物权法规范之外，对于商事案件中裁判法源的开放性、商事合同的解释❸，规范适用中的差异化❹，以及商事原则与规则的解释、续造及适用均以对商事法律关系的识别为前提。

---

❶ 参见吴晓峰：《商事审判应具备商事思维》，载《法制日报》2007 年 7 月 2 日；江必新：《商事审判与非商事民事审判之比较研究》，载《法律适用》2019 年第 15 期；俞秋玮、贺幸：《商事裁判理念对审判实践影响之探析》，载最高人民法院民事审判第二庭编：《商事审判指导》（总第 35 辑），人民法院出版社 2014 年版，第 486—487 页。

❷ 参见彭春、孙国荣：《大民事审判格局下商事审判理念的反思与实践——以基层法院为调查对象》，载《法律适用》2012 年第 12 期；李志刚、徐式媛：《民、商案件之区分：反思与重构》，载最高人民法院民事审判第二庭编：《商事审判指导》（总第 35 辑），人民法院出版社 2014 年版，第 133—147 页；周林彬、官欣荣：《我国商法总则理论与实践的再思考：法律适用的视角》，法律出版社 2015 年版，第 142 页；李志刚、张巍、邹宇等：《民事合同与商事合同：学理、实务与立法期待》，载《人民司法（应用）》2020 年第 1 期，第 103 页以下。

❸ 参见王文宇：《商事契约的解释　模拟推理与经济分析》，载《中外法学》2014 年第 5 期；汪洋：《私法多元法源的观念、历史与中国实践〈民法总则〉第 10 条的理论构造及司法适用》，载《中外法学》2018 年第 1 期。就契约解释问题而言，甚至不强调民商区分的英国法也不得不在实质上对此加以区分："某一契约条款，若存在于商人之间，则有可能被自由地加以解释；而该条款若针对消费者而适用，则其解释必将趋于严格。此外，所涉契约的商业性质也会对法官就是否排除免责条款效力之考虑产生影响，而此种进路业已为立法所反映。"See Roy Goode, *Goode on Commercial Law*, 4th ed., Croydon: LxisNexis, 2009, p. 9.

❹ 例如，就格式条款的法律规制而言，一般认为应当区分民事交易与商事交易。参见黄薇主编：《中华人民共和国民法典合同编释义》，法律出版社 2020 年版，第 83 页。

第二节　统一评价连接点在制定法中的
缺失与现有学说的不足

我国私法的实证法体系中尚无"商事通则",有关法律行为的交易规则均以民商合一的形态存在于《民法典》及特别法之中。若将法律关系的各组成部分予以分解,则主体、权利客体、法律行为的内容等范畴均有可能作为商事法律关系的判断基础。在传统的商法学说中,人们也常常通过商主体、商法上的交易对象(权利客体)及商行为等范畴来确认商事法律关系的存在。但是,这些既有的范畴及学说在《民法典》时代仍然存在着诸多不足。

一、权利客体在商事法律关系评价中的有限意义

在一般观念中,股权买卖、营业转让等法律行为常常会因为客体的商事属性而被看成商事法律关系之一种。事实上,将此类法律行为看成商法总论意义上的商事法律关系的教义学建构意义是有限的。

(一)权利客体在商事性评价中的无价值性

权利客体包括第一顺位的权利客体与第二顺位的权利客体。❶支配权或利用权的客体(如有体物、知识成果等)作为第一顺位

---

❶　参见[德]卡尔·拉伦茨:《德国民法通论》(上册),王晓晔、邵建东、程建英等译,法律出版社 2003 年版,第 377 页。

的权利客体基于立法上的定分止争而产生权利范畴❶，这一意义上的法律关系仅涉及权利的归属、排他及主体使用权利的方式。第一顺位的权利客体无法承载商事法律关系的评价功能：其一，它本身不包含价值判断；其二，在其之上所建立的权利属于一般私法的内容，一般私法通过权利能力的概念，将权利与民事主体联系起来，因而及于所有的民事主体。第二顺位的权利客体包括权利与法律关系，后者系本章的讨论对象，此处仅讨论权利作为商事法律关系评价因素的可能，即某种法律关系是否因股权等具有商事属性因素的直接或间接参与而构成商事法律关系？以股权为例，当它作为处分行为的客体而出现时，处分行为的构成要件与法律效果并不会因其具有商事属性而发生变化。例如，股权让与效果的发生仍以意思主义为原则，甚至无须考虑公司股东名册变更等特别法程序（《公司法》第 32 条）❷；股权出质而形成质权的，在要件与法律效果上也与知识产权、债权等权利的出质无异。由此可见，在权利的处分层面，强调权利的商事属性在商法上并无意义。❸

不过，上述第二顺位的权利客体也会构成买卖合同或参照适用买卖合同的其他有偿合同（《民法典》第 646 条，以下均简称"买卖合同"）等债权合同的给付标的，由此就会产生负担行为（如股权、营业、有价证券的买卖）是否因以具有商事属性的权利为给付标的物而构成商事行为，进而评价为商事法律关系的问题。商事法律关系的论域固然不限于买卖合同，但是考虑到以买

---

❶　参见方新军：《权利客体的概念及层次》，载《法学研究》2010 年第 2 期。

❷　参见张双根：《论股权让与的意思主义构成》，载《中外法学》2019 年第 6 期。

❸　当然，在此之外的商事特别法层面，权利的取得仍存在特别规制。例如，对于股权的取得，仍需结合《公司法》第 71 条第 2 款、第 3 款有关其他股东的同意权及优先购买权。

卖合同为典型的合同关系不仅在私法往来中占据了重要位置，同时还因为其内容关涉权利的整体移转，相比其他以担保、用益为目的的原因约定更集中地彰显了其商事可能性，因此对此加以讨论仍有实践与学理两方面的实益。

（二）给付标的在负担行为商事性评价中的有限意义

若从负担行为角度考察权利客体，则给付应被看成是债之关系的内容，而非债权之客体。[1]《民法典》总则编民事权利章仅就物权及知识产权之客体问题加以说明，即暗合了第一顺位的权利客体系指支配权或利用权之客体的法理。在民商事法律关系的界分问题上，债之关系的内容系被评价的对象，而非评价标准。因此，值得考察的就只剩下了作为给付标的的权利或权利集合，它们构成了买卖合同内容的组成部分。

诚然，当买卖合同的标的同时构成商事特别法的规制对象时，除了主给付义务，负担行为意义上的买卖合同的其他权利、义务构造相比其他权利的买卖的确有所不同。[2]但这种差异的首要原因在于该标的本身的法律属性及《公司法》等商事特别法规则对买卖合同项下当事人合同利益的扰动。[3]后者意味着，对买

---

[1]　参见王洪亮：《给付》，载《中德私法研究》（第 7 卷），北京大学出版社 2011 年版，第 165 页。

[2]　负担行为意义上的股权转让合同，通过《民法典》第 616 条的中介，原则上仍然属于一般合同制度的规制对象，与《公司法》作为商事特别法无关。参见钱玉林：《分期付款股权转让合同的司法裁判——指导案例 67 号裁判规则质疑》，载《环球法律评论》2017 年第 4 期。依《民法典》第 646 条的规定，营业转让准用买卖合同的规定。王文胜：《论营业转让的界定与规制》，载《法学家》2012 年第 4 期。

[3]　例如，在最高人民法院指导案例 67 号（汤长龙诉周士海股权转让纠纷案）中，就该案判决所主张的不能参照适用《合同法》第 167 条（分期付款买卖合同中的解除权）而言，学者认为真正值得赞同的法政策考量是公司法上的利益衡量，即防止因合同解除而对公司的经营管理的稳定产生不利的影响。参见钱玉林：《分期付款股权转让合同的司法裁判——指导案例 67 号裁判规则质疑》，载《环球法律评论》2017 年第 4 期。

卖合同的内容形塑形成差异的真正原因并非源于给付标的，从而需要依此建构不同的规则体系，而是源于法秩序在解释上的体系性与一贯性。对此，我们可以从《民法典》第 595 条以下所规定的买卖法中的任意性规范适用与否的法理基础来考察，究竟是何种因素导致了适用上的差异化。

就风险负担规则（《民法典》第 604 条以下）在股权转让与营业转让中的（参照）适用而言，真正影响适用的因素是给付标的的有体性问题。在股权转让中，股权的无体性决定了股权之变动，除应具备《公司法》第 72 条关于股权出让的特别规则之外，原则上发生于让与合意之完成，这直接导致以解决标的物在途毁损、灭失风险为目的的风险负担规则失去了适用的空间。同样作为具有商事属性的给付标的，但与此形成对比的是，营业作为营业转让合同所涉及的标的，与一般的个别有体物存在较大差别，但是风险负担规则却仍然可以适用于组成营业的动产与不动产（而非营业本身）。

就物之瑕疵担保责任规则（《民法典》第 615 条以下）的可适用性而言，真正起决定作用的仍是物之瑕疵担保责任的构成要件，特别法规则只是此种构成要件符合性判断的组成部分。例如，按照《最高人民法院关于适用〈中华人民共和国公司法〉若干问题的规定（三）》第 16 条的规定，股权受让人的利润分配请求权可能会因为股东未履行出资义务或未全面履行出资义务而受到限制，此时该股权若是从转让人处取得，则该股权尽管是无体权利，但本质上仍会因前述公司法的规定而构成物之瑕疵。[1] 与此不同的

[1] 参见吴金水、刘金妫：《论股权受让人履行资本充实义务后的追偿规则》，载《法学》2019 年第 5 期；江显和：《股权转让纠纷的审理思路》，载《人民司法》2020 年 35 期。

是，营业系各种财产要素的有机统一体，在双方当事人并未就各该要素的应有品质进行约定时，作为任意性规范的物之瑕疵担保责任制度却未必适用。❶ 因为营业不同于单一的物，后者存在惯常的或者根据合同可得确定的典型的使用目的，前者由于涉及多种要素的组合，因此并不存在此种典型特征，因此对于双方当事人的利益平衡而言，重要的毋宁是出卖人对其营业所作的陈述。❷

由此可见，当我们观念上将股权转让合同看成商事合同时，这种商事性系源于《公司法》等商事特别法。这一意义上的商事性尽管对实体法适用有其意义，例如瑕疵判断需结合组织法规范而完成，但是特别法规范与买卖法规范的结合是有限的，观念上的商事属性不仅无法解释其他买卖法规范适用的差异化缘由——例如，买卖标的的无体性而非商事性决定了风险负担规则适用的限度，就此而言与债权等权利的转让并无二致——而且在结合领域之外并不改变买卖法总体上参照适用的可能性。因此，尽管我们可以将商事特别法影响之下的买卖法适用活动看成是针对商事法律关系所展开的一种解释或续造，从而不断提示人们在民法规范的适用过程中时刻注意商事特别法的影响，但相应的商事法律关系评价活动的意义也只能局限在买卖法领域，它无法发挥一般性的商事法律关系评价的标准功能。由于同样属于买卖法领域的讨论对象，因此意义限制的困境也将存在于营业转让合同的商事性质界定之中。因此，若要在整个私法范围内探求商事法律关系评价的连接点，仍然需要在权利客体之外加以考察。

---

❶ 参见王文胜：《论营业转让的界定与规制》，载《法学家》2012 年第 4 期。

❷ Vgl. Ulrich Huber, Die Praxis des Unternehmenskaufs im System des Kaufrechts, 202 AcP（2002），179, 212f.

二、法律关系主体作为统一评价连接点的缺陷与非实证性

除了将权利客体视为构成商事法律关系的重要评价因素，传统商法学说通常将其看成是商主体基于商事行为而产生的权利义务关系。❶ 在这一界定下，最终承载民商事法律关系界分任务的是商主体与商行为这两个概念，因此界分的成败也将取决于这两个概念的建构意义。然而，在《民法典》体系下，大量有名合同与物权制度呈现出民商合一的现象，商行为本身是评价的对象，而非评价的出发点。❷ 同时，迄今为止的商主体学说尚未发展到能够承担界分任务的程度。

（一）现有商主体学说的缺陷

传统商法学说对商主体的界定存在两种进路：第一种，将

---

❶ 这一界定在过去的 20 多年里保持着惊人的稳定，参见江平主编：《民商法学》，群众出版社 2000 年版，第 265 页（施天涛执笔）；赵万一主编：《商法学》，法律出版社 2001 年版，第 107 页（赵万一执笔）；第 265 页；王作全主编：《商法学》（第 4 版），北京大学出版社 2017 年版，第 20 页（王作全执笔）。除此之外，对商事法律关系的界定尚存在两种样态：第一种，将商事法律关系界定为商事财产关系及与此相联系的商事人身关系，此系参照民法调整对象学说而形成的对商事关系的总结（参见王卫国主编：《商法概论》，中国人民大学出版社 2000 年版，第 20 页）；第二种，将商事法律关系界定为若干类型与商事有关的社会关系的总和，如认为商事关系包括商事组织关系、商事交易关系等（参见雷兴虎主编：《商法学教程》，中国政法大学出版社 1999 年版，第 4 页）。从民商事法律关系界分的角度看，这两种界定并无实益。相关批评可参见蒋大兴：《商事关系法律调整之研究——类型化路径与法体系分工》，载《中国法学》2005 年第 3 期，第 100—101 页。

❷ 部分学者将商行为的界定直接嫁接于可能存在的商事交易法之上，然而对于什么是商事交易法，则仍是待讨论的。参见王作全主编：《商法学》（第 4 版），北京大学出版社 2017 年版，第 23 页（王作全执笔）。部分学者强调商行为具有以营利为目的，并属于经营性活动等特征，事实上是将商主体的特征投射到了其行为之上，并不能克服传统商主体学说中所存在的不足。参见樊涛：《中国商法总论》（第 3 版），法律出版社 2021 年版，第 172—173 页；柳经纬、刘永光编著：《商法总论》，厦门大学出版社 2004 年版，第 153 页。

商主体看成是"依商事法规定参加商事活动，享有权利并承担义务之人，简而言之，他是商事法上的权利义务的归属者"❶。类似界定尽管在细节上有所损益，但本质内容并无不同。❷该界定的稳定性源于其极强的形式性，它除了能够将商主体与非独立的商事辅助人区分开来，其余内涵都取决于商事法的内容。在商事法的大致内容未得到探明之前，它事实上将陷入一种循环论证。第二种，在形式性商主体概念的基础上增加若干评价因素，例如将其界定为"以自己的名义实施某种商行为并以此为习惯性职业的人"❸。或者通过罗列特征的方式增加其内涵，例如强调商主体需从事一定的经营行为（至于哪些构成商行为，则由法律法规明确加以规定），需以实施商业交易为其职业，其活动总是以营业的方式进行，以及从事商行为必须具备相应的知识、信息、经验、技术和能力等。❹该进路的缺陷在于：其一，它仍然存在对商事法内容的依赖，而后者是需要在商事法律关系的认定基础之上予以识别的；其二，具有实质意义取向的主体能力特征并不适于作

---

❶　参见王保树主编：《商法》，法律出版社 2005 年版，第 36 页。

❷　例如有的学者将其界定为"具有商事权利能力，依法独立享有商事权利和承担商事义务的个人和组织"。参见江必新：《司法审判保障"十三五"规划实现的重点、盲点和亮点——兼论人民法院司法审判工作如何为经济社会发展做好司法服务和法治保障》，载《法律适用》2016 年第 5 期。有的学者界定为"依法独立参加商事活动，享有商事权利并承担商事义务的人"。参见赵万一主编：《商法》（第 5 版），中国人民大学出版社 2017 年版，第 18 页（孙积禄执笔）。有的学者界定为"依照商法的规定具有商事权利能力和商事行为能力，能够以自己的名义独立从事商事行为，在商事法律关系中享有权利和承担义务的个人和组织"。参见赵旭东主编：《商法学》（第 4 版），高等教育出版社 2019 年版，第 39 页。

❸　张民安、龚赛红：《商法总则》（第 2 版），中山大学出版社 2007 年版，第 58 页。类似定义另参见樊涛：《中国商法总论》（第 3 版），法律出版社 2021 年版，第 29 页。

❹　参见顾功耘主编：《商法教程》（第 2 版），上海人民出版社、北京大学出版社 2006 年版，第 35 页（顾功耘执笔）；柳经纬、刘永光编著：《商法总论》，厦门大学出版社 2004 年版，第 43 页。

为现代商法中商主体概念的组成部分，对此后文将予以阐述；其三，职业性、营业方式等特征本身就充满不确定性，借此无法对《民法典》中的主体的商事属性予以确定；其四，某种特征基于何种目的理性而得以进入商主体概念的判断从未被说明过，这导致对商主体的界定不存在商谈基础。

除此之外，少数商法学者倡导通过（主体性的）"企业"或者"经营者"概念统合商法。❶这些学说虽然继受了我国现行商事法及经济法中的术语系统，同时体现出极强的法律适用意义。相比于传统商法学说中的商主体理论，这无疑是一种进步。但是，主体性企业或经营者不能直接承载建构商法教义学基础的任务，也不能就其限制于企业或经营者的正当性提供说明。事实上，这些主体所经营的有机财产才是商事法律关系的真正连接点，其特征能够为商事法律关系在企业等主体之外的扩张或类推适用提供法理基础，并为《民法典》中构成商主体的民事主体提供论证。

（二）以主体的商业经验为内容的商主体概念的缺陷

私法学说上，《民法典》合同编中除民商合一的有名合同外，有关融资租赁、保理、建设工程、运输、仓储和行纪等有名合同则常常被认为是典型的商事合同。❷尽管诸如保理、仓储、行纪等合同关系在目前的法典中均存在着与之对应的典型民事合同，同时在成立要件（如是否要求要物性）与法律关系的内容上

---

❶　参见叶林：《企业的商法意义及"企业进入商法"的新趋势》，载《中国法学》2012年第4期；王建文：《商法总论研究》，中国人民大学出版社2021年版，第269—274页。反对见解参见蒋大兴：《商人，抑或企业？——制定〈商法通则〉的前提性疑问》，载《清华法学》2008年第4期。

❷　参见施天涛：《商法学》（第6版），法律出版社2020年版，第72页。

均形成差异，但是这种差异是自我指涉的，并不直接凸显民事或商事定性的评价基础。它们同样只是被评价的对象，而非评价的尺度。除此之外，它们的商事合同定性对于一般意义上民商事法律关系的界分并无直接价值，因为后者不仅需要考虑那些民商合一的有名合同（如买卖、居间、租赁）在具体案情中的属性，还要考虑无名合同的民商事定性问题。因此，取向于所谓商事法律关系的内容作为商事法律关系的评价连接点是没有意义的。于此，厥有意义者在于寻找构成民事与商事合同关系差异的法理基础。

这些合同中，保管与仓储是最典型的以类似给付为内容却分属民事与商事合同的一个对照组，因此从实证法规范的角度看，何种要素决定了两种合同的定性，就值得考察。保管合同与仓储合同在合同成立要件、主给付义务与保管人的义务等方面均具有实质差异。尽管商事合同通常被认为具有有偿性特征❶，同时有偿性确实对合同义务的构造产生了影响，但是至少在保管与仓储的区分上，有偿与否并非本质原因，因为保管合同亦得为有偿。同为有偿合同，仓储合同中的保管人却仍有不同的权利与义务内容，例如给付仓单的义务（《民法典》第 908 条）、接受及验收仓储物的义务（《民法典》第 907 条）、容忍义务（《民法典》911条）、通知义务（《民法典》第 912 条）及紧急处置权（《民法典》第 913 条第 2 句）。这些内容无法通过合同的有偿性来加以建构，它们毋宁建立在仓储合同中保管人的特殊的主体能力之上，该类主体"必须是具有仓库营业资质的人，即具有仓储设施、仓储设

---

❶ 参见夏小雄：《私法商法化：体系重构及制度调整》，载《法商研究》2019 年第 4 期，第 132 页。

备，专事仓储保管业务的人"❶。

诚然，除了个别公法上的准入限制，《民法典》中有名的商事合同的适用原则上并不以特定主体的参与为前提，它们毋宁向所有民事主体开放，从而发挥降低交易成本的功能。不过，这类通常情况下被称为商主体的群体的实践活动是仓储合同及其他商事合同内容的渊源，在合同关系典型化的法典体系下，此类合同也以前述群体的参与为常见，这是我们将仓储等合同看成是商事合同的原因。考虑到保理合同、行纪合同等商事合同也存在类似的主体特别要求，该主体上的特殊性可抽象为两个方面：第一，主体应具有特定领域的知识、技能、经验；第二，主体应是专门从事该业务之人。前者在比较法上有其成例，例如《美国统一商法典》第 2–104 条将商人界定为"从事某类交易的人，或因其职业而显示对交易所涉及的做法或货物具有专门知识或技能的人，或因雇佣前述人作为代理人、经纪人或其他中间人，而可被视为具有前述专门知识或技能的人"❷。诚然，从一般意义上看，将拥有交易中的知识与技能的主体作为特别法的适用对象有其内在正当性，但其缺陷也十分明显，以至于美国学者认为"商人章节并非法典中最良善的部分"❸，因为：第一，主体长于某一种商业实践不代表其亦长于其他商业实践，于此又有将其排除于商人概念之外的必要❹，即便某一主体构成商人，是否能适用与此相关的行

---

❶　黄薇主编：《中华人民共和国民法典合同编释义》，法律出版社 2020 年版，第 845 页。

❷　译本参见潘琪：《美国〈统一商法典〉解读》，法律出版社 2020 年版，第 25 页。

❸　Douglas K. Newell, *The Merchant of Article* 2, 7 Valparaiso University Law Review 307, 343（1973）.

❹　See John F. Dolan, *The Merchant Class of Article* 2: *Farmers, Doctors, and Others*, 1 Washington University Law Quarterly 1, 26（1977）.

为规范，仍需进一步结合特定规范的法理基础重作判断**❶**，由此或者导致设置统一连接点的正当性被削弱。第二，在将特定主体界定为商人的基础上，当他面对相比而言具有更为健全的知识与技能的其他商人（如银行）时，制定法也不能当然地使之承受全面的商人义务。**❷** 因此，尽管商人概念的核心仍然与商法规范相匹配，但是在身份法属性被消解之后，在私法中强调法律的适用取决于具有特定知识与技能的主体形象仍将带来法律适用上的不确定性。

（三）统一化的特殊主体概念在我国私法中的非实证性

当然，前述所谓法律适用中的不确定性并非无法消弭，例如，我们可以将商人具有特定的交易知识或技能看成是一种不可推翻的假定。但由此仍将产生进一步的法律适用问题：在《民法典》未确立所谓商法适用连接点的背景下，谁是我国私法中的商人？对此，《民法典》及相应的司法解释提供了两种类型的提示：其一，将商事因素视为形成特定法律效果的其中一种考量因素；其二，以"企业"概念为连接点，设置商事规范。

前者表现为：在违约金酌减问题上，强调应"根据案件的具体情形，以违约造成的损失为基准，综合衡量……当事人缔约地位强弱、是否适用格式合同或条款等多项因素"**❸**；在动产善意取

---

❶ U.C.C. § 1–102, Comment 1; See also John F. Dolan, *The Merchant Class of Article 2: Farmers, Doctors, and Others*, 1 Washington University Law Quarterly 1, 6, 7（1977）; R. B. Herrington & H. M. Durham, *Merchant Provisions in the Unification Commercial Code-Sales*, 39 GEO. L. J. 130, 133（1950）.

❷ See Dolan, Id, at 10.

❸《最高人民法院关于当前形势下审理民商事合同纠纷案件若干问题的指导意见》第7条。

得的构成上，强调"受让人受让动产时，交易的对象、场所或者时机等不符合交易习惯的"得构成受让人的重大过失❶；在合伙合同的制度设计中，兼有组织性与商事性强弱的考虑❷；等等。此外，在法律行为的解释中，"行为的性质和目的、习惯"（《民法典》第 142 条）中也包含了对商事因素的考量。这意味着，在没有商人法历史的民商合一的立法传统下，我们的私法中不仅商人概念在规范上缺乏实证法基础，而且也没有有关商人法律形象的统一想象。由此观之，尽管商人概念在比较商法中具有极强的体系建构意义，但在我国私法中以商人为核心的商法体系描述却存在着巨大困难。❸

后者主要涉及《民法典》第 448 条但书关于商事留置权在构成要件上的特别规定❹，"债权人留置的动产，应当与债权属于同一法律关系，但是企业之间留置的除外"。对此，批评意见认为，它在主体范围上仅以企业为限，却未将可能的农村承包经营户、个体工商户等主体囊括在内。❺以农村承包经营户为例，学

---

❶　《最高人民法院关于适用〈中华人民共和国民法典〉物权编的解释（一）》第 16 条。

❷　参见朱虎：《〈民法典〉合伙合同规范的体系基点》，载《法学》2020 年第 8 期。

❸　反对见解参见蒋大兴：《商人，抑或企业？——制定〈商法通则〉的前提性疑问》，载《清华法学》2008 年第 4 期。

❹　通说承认该条但书属于对商事留置权的规定。参见崔建远：《物权法》（第 4 版），中国人民大学出版社 2017 年版，第 578 页；尹田：《物权法》（第 2 版），北京大学出版社 2017 年版，第 614 页；王利明主编：《民法学》（第 2 版），复旦大学出版社 2015 年版，第 388 页；马俊驹、余延满：《民法原论》（第 4 版），法律出版社 2010 年版，第 462 页；施天涛：《商事法律行为初论》，载《法律科学》2021 年第 1 期。关于本条的适用范围问题，另可参见王建文：《中国商法的理论重构与立法构想》，中国人民大学出版社 2018 年版，第 25 页。

❺　参见曾大鹏：《商事留置权的法律构造》，载《法学》2010 年第 2 期；熊丙万：《论商事留置权》，载《法学家》2011 年第 4 期。

者认为将其"一律认定为商人，也不科学"❶；而且，《民法典》第396 条虽然承认农业生产经营者的现有或将来的生产设备、原材料等财产设定抵押的可能，但这毕竟是基于合同而产生的抵押权，与法定的商事留置权之间尚无轻重之别，因此也无法据此作出逻辑解释，认定农村承包经营户当然地适用《民法典》第448 条但书之规定。与此类似，个体工商户尽管从事社会经济意义上的工商业活动，但是它是否当然地构成商人，则仍有疑问。换言之，在主体问题上，商事留置权的适用对象类推适用的法理基础仍待重构。若对适用对象加以扩展，则《民法典》第448 条但书在牵连性要求上就应当予以目的性限缩：商事留置权的功能在于强化商业往来中的债权担保，则相关债权与留置标的物即便不要求同一法律关系，也应当限制于营业活动的范畴之中。

　　商事留置权在解释学上所遭受的批判仍然说明了作为商法的适用对象的特殊主体与营业活动之间的不可分割性。这一结论补足了前述关于我国私法语境下权利客体或者与技术、知识相关的特殊主体在商事法律关系评价中的不适切性，但是仍然带来了新的困扰：第一，如何在我国私法中界定主观意义上的营业？第二，商事法律关系的评价基础是待建构的，《民法典》第448 条但书却明确反映了法秩序的价值判断，因此，我们如何实现或协调《民法典》第448 条但书将主体限制于"企业"的法律评价意义？第三，主体与营业活动相关联仅是商事留置权制度的经验，凭什么这种经验可以被一般化到商事法律关系的评价基础建构之中？

---

❶　参见曾大鹏：《商事留置权的法律构造》，载《法学》2010 年第 2 期。

第三节　客体意义上的企业经营组织
作为商主体的评价基础

传统商法学说在商事法律关系的建构中通常会以营业为基础加以展开，但在我国现行民法及其理论中，营业概念仍存在明显的缺陷。

一、营业（活动）概念的不确定性

在主观体系及部分客观体系的商事立法中，营业首先指的是营业活动（Tätigkeit），这一意义上的营业是界定实质意义上商人的核心概念。❶ 例如，《德国商法典》第 1 条第 1 款就明确规定商人是经营商事营业（Handelsgewerbe）之人，但是，商事营业又被界定为所有要求以商人方式设立事业的营业之经营（Gewerbebetrieb）。尽管商法典评注书列举了营业的各种特征，如独立性、持续性、面向市场、营利目的、合法与可诉性等❷，但这种界定仍然被批评为充满不确定性❸。在我国的商事立法术语中，"营业"概念除了例外地用以指称作为客体的有机财产，如

---

❶ 参见丁凤玲、范健：《中国商法语境下"营业"概念考》，载《国家检察官学院学报》2018 年第 5 期。

❷ Vgl. Heymann/Förster HGB § 1 Rn. 6ff.

❸ 德国学者甚至认为，"营业"（Gewerbe）是《德国商法典》中"晦暗的核心概念"（heimliche Zentralbegriff）。Vgl. Henssler, ZHR 161（1997），13，20。

《企业破产法》第 69 条第 5 项，原则上指的都是营业活动意义上的营业：一方面，它属于"营业执照""营业期限""营业时间""营业场所""营业性分支机构"等概念的组成部分，其内涵由相应法律部门的总体目标所决定；另一方面，单独的"营业"所指称的都是具体主体的特定活动❶，内涵与外延均不同于商法意义上的营业❷。

在此，即便我们将思维的重点置于"营业"概念之上，《民法典》第 448 条但书所涉及的商事留置权制度将适用对象限定于"企业"的制定法评价仍不可忽视。从法秩序一贯性的推断出发，这意味着我国私法并未试图将所有的营业活动都纳入商法的轨道加以规制，它首先提出了对主体的组织化要求；进而，若将商事留置权等交易法的作用对象精确到营业，则我国私法中的商事交易规则所欲规制的是企业性的营业活动，从而将那些不具有企业规模的所谓营业活动（小营业）从规范意义上加以排除❸，且后续的类推适用均应将企业性的营业作为论证的起点。

二、企业经营组织作为商法典的普遍历史基础与方法论的正当性

不过，所谓商事规范真正的作用对象（营业）与限定于企业的结论，迄今来看只是以《民法典》第 448 条但书为基础的观

---

❶ 如《个人独资企业法》第 11 条规定的"个人独资企业的名称应当与其责任形式及从事的营业相符合"，《企业破产法》第 61 条规定的"决定继续或者停止债务人的营业"，等等。

❷ 对我国立法中营业概念的使用统计，可参见徐喜荣：《营业：商法建构之脊梁——域外立法及学说对中国的启示》，载《政治与法律》2012 年第 11 期。

❸ 正因如此，对立于"消费者"概念而存在的"经营者"概念也不宜等同于商事法律关系语境中企业性的营业范畴。"经营者"不仅囊括了小营业，而且本身并非从正面构成要件角度得到过阐释。

察，这种结论能一般化到商事法律关系的层面吗？我们向何处探求这种一般化诚命的可靠性？毋庸置疑的是，商法及其体系描述应建立在一国的私法实证法基础之上，尤其是，商事法律关系这一范畴的评价基础攸关商法之整体，因此任何单一法域的比较继受都将面临内在合理性与正当性的质疑。不过，如果各国商法典具有相同的历史与教义学基础，则这种作为"共同核心"的内容对我国商法体系而言就具有借鉴意义。

（一）客体意义上的企业经营组织是商法典的普遍历史基础

自 17 世纪、18 世纪的农业革命以迄 19 世纪的工业革命，欧洲各主要国家所面临的商事法律领域的法政策上的挑战便层出不穷。例如：资本密集的企业不断产生，原本的人合性组织不再能够满足经济生活的需要；在运输法等领域，新的合同形态的需求不断凸显。[1] 虽然 19 世纪的国别化商法典缺乏统一的政治、宗教权威或学术权威，但是在法律比较的基础上，各国对于现代商事制度的观念事实上仍形成了广泛共识，以至于商法"尽管是在各国范围内制定的，但是各国所给出的答案却是处于相互影响之下，并具有相似性"[2]。

这种相似性源于对商法典编纂过程中的法律比较，其背后的原因则在于欧陆国家在 17 世纪、18 世纪以来所形成的经济秩序的同一性。这一时期，源于英国独特的产权关系制度催生了最早

---

[1]　Vgl. Helmut Coing（Hrsg.）, Handbuch der Quellen und Literatur der Neueren Europäischen Privatrechtsgeschichte（Ⅲ/3）, München: C. H. Beck'sche Verlagsbuchhandlung, S. 2849f.

[2]　A. a. O., S. 2851f. 这些相似性尤其体现在法典的适用对象、基本原则与规范体系等方面。Vgl. Peter Raisch, Geschichtliche Voraussetzungen, dogmatische Grundlagen und Sinnwandlung des Handelsrechts, Karlsruhe: Verlag C. F. Müller, 1965, S. 3f.

的资本主义生产模式，并随着工业资本主义的出现，充满提高劳动生产率的系统化迫切性的竞争环境（而非简单的"低价买进，高价卖出"）与市场依赖性最终渗透到欧洲社会秩序的最深处。❶资本主义生产模式的裹挟使得所有的民事主体都处于高度市场依赖性之下，并形成了一个通过货币媒介导控的经济系统。在这一系统中，规制市民生活的法律规范进一步分化为两个部分：一方面是承担社会性整合功能的一般私法，在经济面向上它所针对的是中世纪城市兴起以来的以满足个体需求为目的的经济活动。❷另一方面是以不断循环的再生产活动为目的的经济部门。对于这些经济部门而言，取向于名义价值的财产仅仅是资产的一部分，土地、劳动力、资本、商誉等有形、无形财产的比例配合才构成其再生产的物质基础，同时也是对资产进行定价的完整基础。❸

　　各国商法典在这样的时代背景下产生了，它是法律有效性基础的合理化在制定法上的投射。❹此时，作为一种区别于民法的法律部门，它的内容就只能建立在那种远离民事生活的职业性的经济行为之上。伴随着大量的劳动活动，这种职业性的经济行为的出发点与归宿都是特定的由有形财产与无形财产所构成的财产

---

❶ 参见［加］埃伦·米克辛斯·伍德：《资本主义的起源：学术史视域下的长篇综述》，夏璐译，中国人民大学出版社 2016 年版，第 103 页。具有现代资本主义特征的生产力的急剧革命化进程也无法从工业革命中得到充分的解释，后者逐步作用于经济活动生产率的持续增长，究其本质不过是诸多影响此种生产率的一个变量。对此可参见［美］道格拉斯·G. 诺思：《经济史上的结构和变革》，厉以平译，商务印书馆 1992 年版，第 160 页。

❷ 参见［德］马克斯·韦伯：《经济与社会》（第 1 卷），阎克文译，上海人民出版社 2009 年版，第 157 页。

❸ 参见［美］约翰·R. 康芒斯：《资本主义的法律基础》，寿勉成译，商务印书馆 2017 年版，第 4 页。

❹ 参见［德］哈贝马斯：《在事实与规范之间：关于法律和民主法治国的商谈理论》（修订译本），童世骏译，生活·读书·新知三联书店 2003 年版，第 91 页。

有机统一体。这一包含了劳动力要素的财产有机统一体在比较法上通常被称为（客体意义上的）企业经营组织（Unternehmen）。抛开主体才是权利与义务归属对象的法律观念，我们会发现，从商业现实的角度看，营业活动所产生的权利、义务首先体现于该财产有机统一体的动态变化之中。

类似的看法也可以从比较法的商法发展中得到印证，并在一定程度上影响了商法的法律改革。以德国商法学说的发展为例，自1960年代赖施（Peter Raisch）从商法史角度系统地论证了企业经营组织作为商法教义学基础的正当性之后❶，以施密特（Karsten Schmidt）为首的学者完整地阐述了"从商人的特别私法到企业经营组织的外部私法"的理念。其问题意识在于《德国商法典》中人概念的落后与狭隘：前者针对以小商人为主体类型而设置规范的不合理性，后者针对商法类推适用于其他商法典之外的非商人的必要性。❷1998年《德国商法典》的改革部分解决了上述问题，但是在施密特等学者看来仍有不足，例如未经登记的农林业经营者和从事营业活动的自由职业者仍被排除在商法的适用之外，为此就仍然需要对商人概念加以修正，并对具有一般化可能性的规范加以探寻，这些工作最终又汇聚于将商法转变为企业经营组织的外部私法的理念之上。而反对见解则认为，将由企业经营者替代商人具有实证法上的障碍。从法律改革的角度讲，可以通过具体规范的改革来解决适用中的矛盾评价问题，一揽子地以企业经营者概念取代商人概念而扩张商法规范的适用范

---

❶ Vgl. Peter Raisch, Geschichtliche Voraussetzungen, dogmatische Grundlagen und Sinnwandlung des Handelsrechts, Karlsruhe: Verlag C. F. Müller, 1965, S. 105ff.

❷ Vgl. Karsten Schmidt, Handelsrecht: Unternehmensrecht I, 6. Aufl., 2014, S. 55ff.

围，可能缺乏迫切的必要性与实践意义。❶ 对于我国的私法体系
建构而言，商事制度的不完备性和商主体判断规则的缺失使得我
们无须从商法改革的角度去思考企业经营组织的商法意义，我们
的工作毋宁在于，面对商法典共同历史基础的经验，直面企业经
营组织的事实，并将其转换为妥善的法律表达，阐释其可能的法
律意义。

（二）企业经营组织从事实向制度转变的可能性

前面所讨论的充其量不过是社会经济意义上的企业经营组
织，它如何"翻译"成商法意义上的企业经营组织呢？商法的法
律素材在很大程度上是从经济生活中提取的❷，到底哪些经济事实
可以被提取为制度中的评价要素呢？对此，我们可以做如下思考：
商法规范应当适配于大部分企业经营组织，作为基础范畴的企业
经营组织就应当反映商法规范的合理性基础。那么我们需要建构
的就是经验意义上的关于企业经营组织的平均类型。❸ 例如，企
业经营组织应当包含丰富的交易技能、经验的内涵，只有这样，
关于沉默的特殊意义、违约金的刚性约束、流质的管制放松等制
度❹ 才会有正当性。做此思考的结果是，我们试图用一个概念去

---

❶ Vgl. Claus-Wilhelm Canaris, Handelsrecht, 24. Aufl., 2006, S. 8ff.

❷ 参见［德］卡斯滕·施密特：《从商法到企业私法？》，严城译，载《中德私法研究：
民商合一与分立》（第 15 卷），北京大学出版社 2017 年版，第 93 页。

❸ 亦称"经常性类型"，略指因长期一再重复出现而依其频率或不断出现之平均特征
而构成之类型。参见［德］卡尔·拉伦茨：《法学方法论》，陈爱娥译，商务印书馆
2003 年版，第 339 页；黄茂荣：《法学方法与现代税法》，北京大学出版社 2011 年
版，第 90 页。

❹ 关于民商事规范的差异可参见刘凯湘：《商事行为理论在商法中的意义与规则建
构》，载《法治研究》2020 年第 3 期；施天涛：《商事法律行为初论》，载《法律科
学》2021 年第 1 期。

承接整个法体系的正当性，商法的原则与规则从此不再是从经济生活中提取素材，而是从概念中提取素材。这会进一步导致前述商法史上企业经营组织的基础地位失去认识意义，因为界定问题又重新取决于未决的商法规范。

　　企业经营组织的平均类型对于商法内容的建构固然具有重要意义，但是，若以其为商法适用的连接点基础，大量事实上已经具备该类型的核心要素的主体就会被不当地排除于商法适用范围之外。例如，仅仅因主体欠缺一般商人的交易能力就不适用商法这样的结论就无法让人接受。由此可见，对于商事法律关系的评价，从法律适用的安定性与妥当性角度看，制度意义上的企业经营组织应提取平均类型中的要素，而非常素（如交易能力）——要素决定法律适用，而常素决定合同等商事制度。

三、规范性平均类型意义上的企业经营组织的要素

　　尽管在比较的商法学说中已有关于企业经营组织的界定，但是其要素并未得到精确阐述。❶ 在我国的商法语境下，虽然存在对客体意义上的营业的讨论，但仍缺乏对客体意义上的企业经营组织的讨论。营业囊括了所有旨在实现企业目的的组织化统一体之内的最宽泛意义上的财产要素：不仅有不动产、动产、债权及其他权利，还包括具有经济价值的关系（如客户、供应商）以及商誉、商业秘密。❷ 但是，这是从资产角度对营业这一特殊交易客体的阐述，它与企业经营组织这一兼及财产面向与营业活动面向的概念并不相同。企业经营组织首先应当是市场中以组织化统一体的形态加以出现的供给方，具体而言：

---

❶　Vgl. Karsten Schmidt, Handelsrecht: Unternehmensrecht Ⅰ, 6. Aufl., 2014, S. 77ff.

❷　MüKoBGB/Stresemann, 8. Aufl., 2018, BGB § 90 Rn. 45.

（一）由最低限度的劳动力与复数财产要素所组成

任何经营活动都依赖于一定的物质基础而展开，就此而言，企业经营组织应当具有财产并无争议。不过，财产的组织化本身就要求财产中至少应当具备两种以上不同经济功能的财产要素。例如：单纯的多种同种类或非同种类动产属于集合物（库存货物）的范畴——就此而言，走街串巷的商人、不具有营业场所的摊贩等主体就与企业经营组织无关；此外，单纯的多宗不动产或商号、商业秘密等也应分别属于彼此独立的客体。就劳动力这一要素而言，从企业经营组织作为营业活动载体的角度看，即便现代工业形态中，劳动力参与的程度会因行业而出现变化，但是若无劳动力的参与，对外的营业活动便无从展开，因此劳动力这一生产要素也不可或缺。❶

（二）独立的、持续营业的组织化统一体

作为商法的规制对象，企业经营组织是完整的营业活动得以开展的载体，这已决定了企业经营组织应当将那些不具有独立性的部门或者职员相区分，后者毋宁是企业经营组织的组成部分。

不过，即便如前文那样强调财产与劳动力作为企业经营组织不可或缺的要素，两者的组合也未必都能够形成以营业活动为目的的组织化统一体。无可否认的是，对于某一财产与劳动力的组合而言，其组织化程度及表现形式取决于该组合的目的。因

---

❶　Vgl. Karsten Schmidt, Handelsrecht: Unternehmensrecht Ⅰ, 6. Aufl., 2014, S. 77. 这也构成了企业经营组织区别于作为交易客体的营业的重要差别，后者未必包括劳动力因素。也正因此，营业转让中的劳动者保护才会作为特别问题加以考虑。参见刘文科：《营业：商法上的特殊客体》，载《政法论坛》2010 年第 5 期；王文胜：《论营业转让的界定与规制》，载《法学家》2012 年第 4 期；蒋大兴：《营业转让的规制模型：直接规制与功能等值》，载《清华法学》2015 年第 5 期。

此，对于（作为主体的）企业而言，各类财产要素形成组合的唯一的目的就在于展开特定的营业活动，它的财产就应当视为具有组织化统一体的内在属性，法解释学上的判断反而不应越俎代庖。与此不同的是，自然人的总体财产以自然人人格的全面展开为目的，该财产本身就不具有组织化的属性。若对该财产之一部分予以特别管理，使之形成服从于营业目的的复合财产，则该特别财产才具备了组织化统一体的属性。持续性与组织化通常互为表里，营业活动本身若缺乏持续性，则仍可以通过组织化统一体的方式而得到强化。就此而言，农业活动固然可以被视为经营活动，但若无组织化特征的出现，它的季节性特征及在此基础上的对劳动力的季节性需求仍将削弱其持续性。❶事实上，也正是基于农业经营活动持续性的式微，我国农地三权分置的立法改革才会产生。❷农业活动的弱持续性与非组织性在农村承包经营户所从事的农业活动中得到了最大体现：一方面，农村土地承包合同更是对农户的赋权，而非要求其维持事实上的持续经营（《农村土地承包法》第 18 条），这也是现代社会大量兼业农民出现的原因之一；另一方面，采取家庭承包方式的农村承包经营活动本身也不依托于组织化，超越季节性而年度化地持续展开农业活动通常也是基于生活保障的需要——从家庭联产承包责任制改革的历史可知，承包地通常而言承载着丰富的社会经济功能，而不以生

---

❶ 参见［英］M.厄普顿：《农业生产经济学与资源利用》，邵士英等译，农业出版社 1987 年版，第 230—235 页。

❷ 参见耿卓：《农地三权分置改革中土地经营权的法理反思与制度回应》，载《法学家》 2017 年第 5 期。

产经营为限。❶ 由此观之，采取家庭承包方式的农村承包经营户从事农业活动的载体就不宜被当然地评价为企业经营组织。❷ 相应地，与此类似，对自身财产的管理行为中即便间或涉及投资活动，其财产也并未实现组织化。❸ 据此，由于组织化本身就内含了持续性的特征，因此诸如偶发性的不动产出租行为与民宿经营行为就存在差异，在后者，特定的财产组合实现了组织化并服务于民宿营业活动的展开。

在财产具备组织化特征的基础上，劳动力对财产的介入形态也不能忽略。尽管在现代社会中，行业差异决定了劳动力因素在营业活动中具有不同意义，因此即便有的企业经营组织中，人员必须完成高度人身性的给付才能实现营业内容，这一事实也不能当然地构成企业经营组织的消极要件。❹ 但是，如果某一待证成的企业经营组织中仅仅存在单一的劳动力，且该劳动力的人身性给付在这一所谓的营业中具有支配地位，此时，一方面从类型角度看，该主体的活动以其自身与劳动对象的互动为主，而非对外

---

❶ 从历史角度看，无论是为了维持生计并保持对土地的租用权，从而不得不在激烈的竞争下进行专业化的生产的佃农，还是本身占有生产资料，但因货币媒介导控的经济系统的建立而被迫参与市场交换的一般农民，以土地为核心的要素配置均无法构成商法意义上的企业经营组织。对于佃农等问题的经验讨论可参见［加］埃伦·米克辛斯·伍德：《资本主义的起源：学术史视域下的长篇综述》，夏璐译，中国人民大学出版社 2016 年版，第 39 页。

❷ 评价为商个人的见解参见朱庆育：《民法总论》，北京大学出版社 2013 年版，第 467 页。当然，随着农村土地承包经营权流转及集约化经营的不断发展，仍可形成产业化或构成企业经营组织的农业生产活动。参见王建文：《中国商法的理论重构与立法构想》，中国人民大学出版社 2018 年版，第 102 页。因此，将农业活动完全排除于商法规制之外的观点，并不值得赞同。

❸ 类似观点参见 Anne Springob, Der verbraucherrechtliche Unternehmerbegriff: Seine Übertragung auf das deutsche HGB nach Vorbild der UGB-Reform in Österreich, Mohr Siebeck, 2015, S. 146; OHG, SZ 53/103; Feil, KSchG, § 1 Rn. 7。

❹ 相关的反对见解参见 Canaris, Handelsrecht, 24. Aufl., 2005, § 2 Rn. 8。

交换；另一方面，以劳动给付为活动中心的单一主体也无法实现组织性。

（三）在市场上有偿地以供给方的容态加以出现

从商法的历史与规制对象来看，企业经营组织必须具备向社会提供商品或服务等给付的容态，以此才能将单纯的消费者排除在外。❶企业经营组织即便发生消费品或服务的购入行为，它也不能因此而等同于消费者，因为这些行为属于营业活动的组成部分。此外，从比较法的商法学说来看，"营业"应以有偿性为要件❷，这种"有偿性"甚至被视为商法的原则之一❸。就经验意义上的平均类型而言，企业经营组织向市场提供给付通常是以获得报酬或价款为目的的，但是这种行为的有偿性是否应当视为规范意义上的企业经营组织的要件，则仍需进一步讨论。

可以肯定的是，并非所有的商法在外部体系上都充分体现了上述有偿性的属性。例如，《德国商法典》第 353 条及第 354 条针对利息与一般的商行为分别确立了商事活动中到期起算利息（Fälligkeitszinsen）与商行为的有偿性推定规则，这被视为有偿性的规范基础❹；而我国以《民法典》为核心的私法体系中，利息规制与价款、报酬的确定规则并未就民事法律关系与商事法律关系加以区分并异其规则。但是，制度差异并不能否定企业经营组织的对外给付原则上所具有的有偿性。就利息规制而言，德国商法中法定的到期利息规则可以经由《德意志一般商法典》第 289

---

❶　Vgl. Karsten Schmidt, Handelsrecht: Unternehmensrecht Ⅰ, 6. Aufl., 2014, S. 77.

❷　Vgl. Claus-Wilhelm Canaris, Handelsrecht, 24. Aufl., C. H. Beck'sche Verlagsbuchhandlung, 2006, § 2 Rn. 3; MüKoHGB/Karsten Schmidt, 4. Aufl., 2018, HGB § 354 Rn. 1.

❸　Vgl. Bydlinski, System und Prinzipien des Privatrechts, Springer-Verlag, 1996, S. 445f.

❹　Vgl. MüKoHGB/Karsten Schmidt, 4. Aufl., 2018, HGB § 353 Rn. 1.

条、《普鲁士一般邦法》第 696 条第 2 款第 8 项追溯至商人法时期的商事习惯（Handelsgebrauch）❶，本质上属于特殊的法政策取向——这种法政策取向并非制度建构上的唯一解，《意大利民法典》就放弃了在利息产生的构成要件上的民商区分立法。❷ 因此，对商事往来中的利息予以特别规制固然强化了有偿性的特征，但是民商趋同的利息规制却在反映金钱在信用社会的时间价值的基础上，并不否定企业经营组织对外活动所具有的有偿性特征。尤其是，这种有偿性不能理解为是直接引发特定法律效果的规则，而毋宁属于企业经营组织对外活动的推定规则，因为至少从现实的角度看，企业经营组织的对外活动也可能例外地体现为无偿行为。正因如此，通说认为，《德国商法典》第 354 条所涉及的两款均非独立的请求权基础，它仅仅是对明示或默示约定内容的解释规则 ❸，权利人仍需通过《德国民法典》第 157 条（意思表示解释）及《德国商法典》第 346 条的具体化而形成合同上的履行请求权❹。换言之，给付主体的商主体属性所带来的有偿性仅仅是诸多意思表示解释因素中的一种，这与我国现行法中的意思表示解释规则并不矛盾——《民法典》第 142 条第 1 款就提示了行为的性质和目的、习惯以及诚信原则等多项考虑因素，解释上就应当包含对商事行为属性这一事实的考量。

---

❶ Vgl. Kindler, Gesetzliche Zinsansprüche im Zivil und Handelsrecht, J. C. B. Mohr, 1996, S. 25.

❷ 《意大利民法典》第 1282 条的关键理由即在于"金钱的自然孳息性"（natürliche Fruchtbarkeit des Geldes）以及"为了满足促进信贷的需求"。对此可参见 Relazione, Nr. 593, S. 127，转引自 Kindler, S. 76。

❸ 司法实践中，《德国商法典》第 354 条被看成是主张合同请求权的证明减轻（Beweiserleichterung）规则，从而使在该条所涉情形中主张合同具有无偿性的一方承担相应的举证责任。

❹ Vgl. MüKoHGB/Karsten Schmidt, 4. Aufl., 2018, HGB § 354 Rn. 1.

事实上，特定组织体的存续固然无须以在市场上获得报酬或价款为前提，但是企业经营组织作为独立的实体，只有当它提供有偿的对外给付，从而产生交易上的特别需求时，商法才有系统地予以规制的必要。就此而言，对外给付的有偿性是基于规范目的而产生的要件特征。

该要素的实践意义在于，不提供有偿给付的组织体，例如《民法典》中的捐助法人、特别法人，即便具有专业的适应工商业社会的能力，它们的客体（财产与劳动力的组合）原则上无法被看成是商法意义上的企业经营组织。不过，这些非经济性社团或团体仍有可能建立以提供有偿给付为特征的附属营业，例如宗教活动场所中法物流通处或素餐馆的有偿活动等。这些事业与通常企业经营组织有偿活动的差别在于，附属营业所取得的利益，最终通常服务于该非经济性社团或团体的自养或者目的事业❶，其取得盈利也不以扩大再生产为目的。在此种副业特权（Nebenzweckprivileg）范围内所展开的经济活动当然无改整个社团的非经济性❷，但这仅是社团法上的判断；就商法而言，若就此将此种符合上述企业经营组织一般要件的附属营业排除于外，就无异于将有关利润设定及使用的商业计划这一内部主观因素置于该团体的外部法律关系的形塑与评价之中，使得属于法律行为的动机的内容进入法律行为内容的评价之中，从而徒增法律适用的不确定性。

---

❶　例如，《国家宗教局、中央宣传部、中央统战部等关于进一步治理佛教道教商业化问题的若干意见》（国宗发〔2017〕88号）第6条规定："……佛教道教活动场所内可以经销佛教道教用品、艺术品和出版物，开展与其宗教宗旨、习俗相符的经营活动。经营活动的收益用于佛教道教活动场所的自养、与其宗旨相符的活动以及公益慈善事业……"

❷　Vgl. Volker Beuthien, Was dem einen sein Ideal, ist dem anderen sein Geschäft: Zur Grundordnung des Vereinsrechts, ZGR 2018, 1, 8.

四、从客体意义上的企业经营组织再出发

现在，我们从商法的共同历史中萃取出了企业经营组织的平均类型要素，构建了作为商法法律适用基础的客体意义上的企业经营组织范畴。不过，从法律适用本身而言，企业经营组织作为客体，本身无法同时作为有权利能力的主体而出现，企业经营组织的经营者（以下简称"企业经营者"）才是直接、全面地取得权利并承担义务的主体。此时，我们固然可以说企业经营者所建立的私法关系可以被评价为商事法律关系。但是，不仅法律适用的安定性、明确性要求我们进一步说明谁是我国私法中企业经营组织的经营者；民法与团体法也会对一些企业经营组织的要素形成确认，从而形成一些法定的企业经营组织及其经营者的形态。

第四节　私法体系中的商主体：
企业经营组织的经营者

上述讨论所揭示的企业经营组织的要素具有双重体系功能：一方面，在企业经营组织要素基础之上的常素对于实质意义上商行为法的建构提供了规范解释与续造的正当性基础；另一方面，企业经营组织要素基础上的经营者的识别为前述商行为法的适用提供了连接点，即我国私法中的商主体原则上只能是那些事实上经营了企业经营组织的主体。就后者而言，鉴于所有的商主体首

先都是民事主体❶，因此谁是商主体的回答必须建立在《民法典》的主体形态基础之上。

一、从事营业活动的自然人作为企业经营者的可能性

农村承包经营户、个体工商户及自由职业者（包括以家庭承包方式之外的方式承包土地进行农业经营活动的自然人）的共同点在于，他们均可能从事营业活动，但是其营业活动的载体因存在组织化程度的差异而未必构成平均类型意义上的企业经营组织，这决定了他们并不是当然的商主体，但同时商行为法的适用仍可能对其有利。显然，组织化程度具有光谱渐变的属性，如果精准识别其满足类型要求的程度，进而决定适用、类推适用或不适用，则必将产生法律适用上的不确定性。不过，这种主体性质上的不确定性是可以被消除的：一方面，企业经营组织要素构成的意义在于以此为基础形塑行为制度，并将那些当然构成的主体纳入商主体的范畴之中，处于类型边缘地带的主体是否构成商主体的判断无损前述功能的实现；另一方面，从消除法律适用的不确定性与制度适用的实益角度来看，对于前述主体的商法适用而言，可以借助商主体登记制度来完成，即赋予前述主体以商主体登记能力，但不同时使之负有相应的登记义务——只有当然构成企业经营组织的主体才应课以该种义务——登记此时对于商法的适用而言具有创设意义。❷

---

❶　参见肖海军：《民法典编纂中商事主体立法定位的路径选择》，载《中国法学》2016年第4期，第57页。

❷　传统意义上工商登记的主要功能在于社会管理，注重的是对经营资格的许可，它在社会主义市场经济发展初期具有合理性，但在制度设计与制度实际运行过程中没有商主体的识别或创设功能。与此不同的是，商事登记中主体登记的目的在于通过识别服务而降低交易成本，部分主体的商主体属性即可由此产生。对此可参见季奎明：《商主体资格形成机制的革新》，载《中国法学》2019年第3期。

在此引发的进一步的问题是，在诸多情形中，自然人（如执行合伙事务的合伙人、企业的高级管理人员）在内外关系上全面支配着企业经营组织的运营，并据此拥有与企业经营者相似的参与商事往来的能力；尤其是，当企业经营组织不存在独立的对外活动的名义时，企业经营者与合伙人之间甚至具有人格上的同一性，从而仍适用商法之规范。[1] 考虑到此，这些主体在从事无关企业经营组织的民事活动时，是否应将其行为评价为商事法律关系？诚然，私法规范的形塑在很大程度上建立在主体形象想象的基础上，就此而言，使得前述主体的法律关系归属于商事法律关系并适用商法，或者至少适用于个别商法规范，似无不妥。但是，基于下述两方面的理由，这一立场不应赞同：其一，在阶层法、特权法消亡的现代社会，现代商法作为企业经营组织的外部私法在适用对象上若以具有特别交易能力的主体为直接对象毫无法秩序目的上的实益，因此它应当以建构与企业经营组织相匹配的规范体系为目标，进而根据企业经营组织的通常市场交易能力，与其他法政策判断一道，建构具体的规范。[2] 其二，在一般私法的基础上通过特别法规制特殊主体常常以该主体作为一种类型（如消费者）与其他对应的主体类型（如经营者）存在主体的结构性差异为前提，并形成全面适用于该类型化主体的规范群。但是，在具有特别交易能力的个体上不仅不存在可以外化的判断标志以建构类型，而且他们与一般民事主体之间也不存在结构性

---

[1]　Vgl. Karsten Schmidt, Formfreie Bürgschaften eines geschäftsführenden Gesellschafters, ZIP 1986, 1510, 1515.

[2]　例如，对于企业经营者应当排除格式条款的特别保护。参见解亘：《格式条款内容规制的规范体系》，载《法学研究》2013 年第 2 期；贺栩栩：《〈合同法〉第 40 条后段（格式条款效力审查）评注》，载《法学家》2018 年第 6 期。

差异，由此法律适用的安定性就会受到妨碍。因为在事务执行人或公司股东的身份与特别的交易能力之间建立规范上的联系性并不正当，尤其是股东单纯将资本投入公司行为只构成财产管理行为❶，甚至无行为能力人也可以成为公司的股东（例如《公司法》第75条）；即便特定自然人具有特别的交易能力，通常而言也无法期待自然人拥有全面的缔约谈判能力、法律及商业风险识别能力等企业经营者所推定拥有的能力，则单一规范的适用尚应考察主体的能力是否与该规范相一致，由此徒增法律适用的成本；若使之全面适用于商法，则考虑到其将因此而脱离民法诸多规范之保护，使怀璧其罪，吾未见其可也。

二、营利法人作为法定的企业经营者与其他法人作为企业经营者的可能性

营利法人、非营利法人与特别法人系我国《民法典》对法人的基本分类。不过，就营利法人与非营利法人的区分而言，《民法典》第76条、第87条所涉及的营利目的并非企业经营组织的构成要素，因为盈利目标设定、所得利润分配等问题纯属组织体的内部事务❷，对企业经营组织本身的属性及对外交易能力没有影响，因此无关对外提供给付的市场行为的判断❸。尤其是在现代社

---

❶　比较法上的类似立场可参见 BGH, NJW 2006, 431, 432。

❷　传统商法学说曾强调"营利目的"（Gewinnerzielungsabsicht）作为"营业"概念的要件之一，现已为通说所不采。原因在于，商法规范的目的不在于为那些以营利为目的的市场活动提供规范支持，而是为市场活动主体提供妥当的法律制度。Vgl. Staub/Oetker, Rn. 39.

❸　有学者将营利要求看成近代商法而非现代商法的特征。对此可参见徐学鹿：《商法的范式变革——析资本经营与营利》，载《法学杂志》2013年第2期。从比较法上看，德国商法司法实践的最新观点认为营利目的并非商事营业的必要条件。BGH NJW 2006, 2250（2251）；Wolfgang Fikentscher/Andreas Heinemann, Schuldrecht: Allgemeiner und besonderer Teil, 11. Aufl., 2017, S. 546.

会，许多非营利法人同样可以在制定法所许可的范围内从事企业经营❶，因此这一区分并不对应于企业经营者与非企业经营者。与此类似，特别法人中，机关法人、基层群众性自治组织法人固然原则上无法形成企业经营组织，但是农村集体经济组织法人和城镇农村的合作经济组织法人则本身就从事企业经营活动。由此可见，《民法典》对法人的分类并不对应着现代商法意义上的企业经营者身份的判断。

如前所述，在现代商法的语境下，企业经营者的身份取决于企业经营组织的存在。据此，无论规范上是否允许从事该种企业经营活动，只要事实上存在相应行为，即便此种法律行为因违反其行为权限而无效，均无碍于商事法律关系的形成。不过，对营利法人的企业经营者地位而言，具体种类的营业法人事实上是否存在企业经营行为并不重要，因为营利法人本身不仅"以取得利润并分配给股东等出资人为目的"（《民法典》第 76 条第 1 款），同时还有组织机构（《民法典》第 80 条以下），因此在性质上就天然地具有企业经营组织的特征。复以公司为例，公司本身具有目的自由，严格来讲并不必然拥有一项商法意义上的企业

---

❶ 例如，我国的政党因受历史政策的影响，并不拥有党产。参见杨尚昆：《杨尚昆回忆录》，中央文献出版社 2001 年版，第 295—296 页。事业单位法人与社会团体法人本身也不具有经济职能，但诸多社会服务机构、宗教活动场所作为非营利法人在规范上就允许从事一定范围内的企业经营活动；许多供应事业也允许以收支平衡、保本微利为经营目标，如国家开发银行、政府性融资担保机构、大病保险经办企等。参见《国家开发银行 2016 年年度报告》、《国务院办公厅关于全面实施城乡居民大病保险的意见》（国办发〔2015〕57 号）、《国务院关于促进融资担保行业加快发展的意见》（国发〔2015〕43 号）等文件。

经营组织❶，因此逻辑上看并不必然构成经济性社团。但无可否认的是，从股东权利（《公司法》第 4 条）、公司的组织机构（《公司法》第 36 条以下）到董事、监事和高级管理人员的资格和义务（《公司法》第 146 条以下）等制度看，《公司法》正是在营利法人（经济性社团之一种）这一意义上设计公司制度的。更重要的是，《民法典》第 76 条第 2 款在事实推定的基础上，将公司和其他企业法人列为营利法人之一种，由此最终在形式意义上确立了公司的营利法人属性。换言之，《公司法》的上述规定及《民法典》第 76 条第 2 款实际上不可推翻地推定了公司等营利法人的企业经营者地位。与此类似，特别法人中的农村集体经济组织法人、城镇农村的合作经济组织法人也是规范意义上的企业经营者，在此无须赘述。

　　不过，非营利法人及其他特别法人则应依是否存在企业经营活动而判断。尽管非营利法人及其他特别法人在规范的构成要件上包含了非经济目的与"不向出资人、设立人或者会员分配所取得利润"（《民法典》第 87 条第 1 款）等内容，但是它们不仅可以从事附属营业活动，而且事实上也可以超越其团体目的从事企业经营活动。据此，非营利法人与特别法人中的机关法人与基层群众性自治组织法人系依企业经营活动而得为企业经营者的主体类型。

---

❶　例如，在我国，德国技术合作公司设立的理念就在于促进德国伙伴国家的可持续发展与社会改革（包括法律领域），而非以营利为目的从事商事经营活动。在国外，例如英国公司法中也存在公司被运用于非营利部门的现象，即"并不以营利为目的或者即使以营利为目的但不把盈利分配给公司成员"。参见［英］保罗·戴维斯、莎拉·沃辛顿：《现代公司法原理》（上册，第 9 版），罗培新等译，法律出版社 2016 年版，第 1 页。事实上，不仅公司的界定中排除营利目的是现代公司法发展的基本趋势，而且从实证法上看，我国《公司法》同样未强调"营利目的"作为公司的特征。参见江平主编：《新编公司法教程》，法律出版社 2003 年版，第 58 页；王军：《中国公司法》，高等教育出版社 2015 年版，第 3 页；Karsten Schmidt, Gesellschaftsrecht, S. 985f.。

三、非法人组织及其他自然人的结合作为企业经营者的限度

经济性的非法人组织主要包括个人独资企业与合伙企业两种，它们均属于企业经营者的范畴。个人独资企业在内外法律关系及公法关系上与个体工商户尽管具有相似性，但是前者除了应当具备企业名称和出资，还要求具备固定的生产经营场所、必要的从业人员等条件（《个人独资企业法》第 8 条），从类型上看，较之个体工商户更具有企业经营组织的属性。因此，尽管在责任法上个人独资企业仍由自然人承担责任，但是个人独资企业用于营业活动的组织体依其规范上的属性即构成企业经营组织。据此，个人独资企业构成企业经营者。合伙企业与此类似，《合伙企业法》的诸多规范在很大程度上也是以商业经营活动为蓝本而加以设计的，其预设的规制对象是商事的、外部的合伙。❶ 至于非法人组织中的专业服务机构等，其客体是否构成企业经营组织，则仍应根据其是否满足要件特征而作判断。

第五节　企业经营组织及其经营者的实践功能与规范建构意义

经由商法意义上的企业经营组织及其经营者的描述，本章开

---

❶　参见朱虎：《〈民法典〉合伙合同规范的体系基点》，载《法学》2020 年第 8 期；施天涛：《商事法律行为初论》，载《法律科学》2021 年第 1 期。

篇所提出的商法学说诠释学循环的困境就可以渐次得到突破。在这一过程中，商事法律关系就具有两重含义：其一，什么是商事法律关系，这是商事规范得到适用的连接点，其建构以企业经营组织的经营者为核心，但同时可以接纳法律适用安定性的考量，将商事登记的设权功能纳入制度建构之中；其二，建构什么样的商事法律关系，这涉及商法制度经由私法规范的解释与续造而加以形塑的过程，它同样以企业经营组织的要素判断为基础，进而考虑企业经营组织的常素。

一、一种新的商主体学说的实践意义

无可讳言，企业经营者本质上仍然是商主体学说的一个版本。不过，通过回溯商法典的共同历史，将商法的基础建立在作为客体的企业经营组织之上，并以该种企业经营组织的经营者作为现代意义上的商主体，传统学说中有关商主体概念界定的形式性、主体特征的不确定性和相应论证的薄弱性等不足才能得到反思；诸多不应纳入商事法律关系判断的因素（如主体参与商事往来的特殊能力）才能够在这一考量过程中被排除；企业经营者得以构成商主体的法理基础才能够得到阐明。

从司法实践的角度看，商事买卖这一商事法律关系的识别可以说明上述构建对于民商区分的意义。[1] 设若甲大学、乙公司、丙道观、丁合伙制律所、戊农场、具有充分交易经验的己自然人分别向庚公司购买办公家具数套，用作本单位办公之用，其买卖合同是否构成商事买卖？对此，第一，应排除相关领域的交易经

---

[1] 不少学者和司法实践观点均主张对商事买卖与民事买卖及消费者买卖予以区分。参见韩世远：《买卖法的再法典化：区别对待消费者买卖与商事买卖》，载《交大法学》2017年第1期；李志刚、徐式媛：《民、商案件之区分：反思与重构》，载最高人民法院民事审判第二庭编：《商事审判指导》（总第35辑），人民法院出版社2014年版，第474页。

验这一干扰因素，其法理前已有述；第二，公司属于立法推定的企业经营者（商主体），而己自然人不具备"最低限度的劳动力与复数财产要素所组成"（企业经营组织的要素 1，下称"要素1"）和"独立的、持续营业的组织化统一体"（企业经营组织的要素 2，下称"要素 2"）的要件，不构成商主体；第三，大学在其办公范围内不满足要素 2 和"在市场上有偿地以供给方的容态加以出现"（企业经营组织的要素 3，下称"要素 3"），不构成商主体，但其附属业务可能构成企业经营组织，于此范围内大学可构成商主体；第四，道观等宗教活动场所中，从事宗教活动的宗教人员并非劳动力，因此不具备要素 1 和要素 2，依其活动之内容，也不具备要素 3，因此不构成商主体，但与大学类似，可能存在构成企业经营组织的附属业务；第五，虽然具体的律师个人不构成企业经营组织，但是律师事务所则通常具备要素 1、要素 2 和要素 3，构成商主体。农场则可以通过商事登记而确立为商主体。

于此需要澄清的是，商主体首先必然是民事主体这一命题是建立在特定主体作为权利、义务的担受者的基础之上的，即经由商法的适用而产生的权利义务关系必然以民事主体的存在为前提。但如学者所言，"（相比民事主体）商事主体则较为丰富，如个体工商户、农村承包经营户、分公司等均为商事主体。建设工程施工合同由项目工程部、海外工程部签订的不在少数，人民法院的判决和仲裁庭的裁决以主体不合格为由确认合同无效的非常罕见"❶。这种现象可以通过企业经营组织作为商法的基础而得到解释：商法规范的适用本质上作用于企业经营组织，因此即便民事主体的其中一个面向（如农村承包经营户）、一个组成部分（如分公司）从事了企业经营组织的经营行为，商法仍将有适用

---

❶　参见崔建远：《民事合同与商事合同之辨》，载《政法论坛》2022 年第 1 期。

之可能。换言之，民事主体原则上是经由企业经营组织的媒介，取得了商主体的身份。

　　由此可见，从法律适用角度看，建立在企业经营组织之上的企业经营者概念具有判断上的清晰性，它尤其可以避免现代社会经济往来中主体具有多重身份而带来的识别困难。从内容上看，企业经营者同时具有扩张与限缩双重面向，并克服了传统商主体概念的形式性缺陷：就其扩张面而言，它不仅囊括了那些在社会经济往来中难以被称为"商人"但实质上从事商事活动的组织体，例如从事附属营业活动的非经济团体，同时还将那些被传统商法所排除的自由职业者所组成的组织体（如会计师事务所、律师事务所）纳入规制范围。❶ 就其限缩面而言，它原则上将不具有企业经营组织性质的小商人排除于外，不仅因应了民法商法化的实证法背景，同时还能避免商主体因外延过宽而丧失其作为制度建构的统一基础。

二、商法在企业经营组织理念基础上的展开及商事法律关系的类型

　　确保交易迅速成立、清算的原则，信赖保护与交易安全保护

---

❶　Vgl. Krejci/Karsten Schmidt, S. 10ff., 92ff., 113; Treber, AcP 199（1999），569ff.; Hensssler, ZHR 161（1997），25ff. 在德国商法中，自由职业者所组成的组织体即便从事独立、有偿的企业性活动，其事业也会被排除于"营业"概念之外，实际上与商法典立法背景时的身份法考量有关。Denekce, Dier freie Berufer, 1956; Ritter, Unternehmen und freier Beruf als Rechtsbegriffe, 1962; Raisch, Freie Berufe und Handelsrecht, in: FS Rittner, 1991, S. 471; Karsten Schmidt, Handelsrecht: Unternehmensrecht Ⅰ, 6. Aufl., Carl Heymanns Verlag, 2014, S. 350. 显然，自由职业者的团体有可能"同样是服务于营业目的的"，那种认为自由职业可以通过欠缺营利目的或营利目的仅仅居于次要地位而有所区别于一般营业的见解（Hübner, Handelsrecht, 4. Aufl., 2000, § 1 Rn. 7），已经过时了。参见［德］格茨·怀克、克里斯蒂娜·温德比西勒:《德国公司法》（第21版），殷盛译，法律出版社2010年版，第11页。

的原则，交易的有偿性原则以及高度私法自治、自我负责原则作为商法内在体系内容可以在企业经营组织的基础上得到解释，并为商法外在体系的建构提供价值指引。不仅如此，上述商法原则还将因应商事交易的变迁，对新的商主体形态的形成提供指引，进而使民事主体的基本形态得到扩充。例如，金融活动中所出现的"信托计划产品"常常会因为仅具有契约之本质而被否认具有主体地位，进而否定其作为独立的投资主体的可能性。但事实上，赋予该种构造物以主体资格通常符合商法语境下高度私法自治的要求，同时能够合理安排证券发行人、认购人、担保人等各方的权利义务关系，因而具有肯定其主体地位的现实需求。❶

从商法的外在体系角度看，建立在企业经营组织基础上的商法将依循三种维度而展开：

其一，企业经营组织作为私法上的特殊客体而产生的特别交易规则，例如企业转让、企业公示制度（如商号及其转让）等。该维度的规范系基于企业经营组织在私法上的特殊性而产生，因此其适用无须进一步考察其法律关系中是否存在单方或双方的企业经营者，企业转让、商号转让等行为当然地构成商事法律关系。

其二，企业经营者作为中国私法中的商主体，实证法将以其交易事实为渊源，通过其所形成的行业规范、商事习惯及格式条款等实践，发现并合理地形塑新的有名合同类型及交易形态。该维度的规范虽然肇端于企业经营者的私法往来，但它最终将形成

---

❶ 参见崔建远：《民事合同与商事合同之辨》，载《政法论坛》2022 年第 1 期。此外，肯定契约型私募基金具有商事登记能力，并认可其作为所投资公司的股东或合伙企业合伙人的身份，事实上已经走上了商主体外延扩张的道路。参见谢惠茜：《私募创投登记改革 深圳本周率先试行》，载《深圳商报》2022 年 3 月 30 日，A01 版。

客观的私法制度，如保理合同、仓储合同、融资租赁合同等。相应制度的适用取决于主体私法自治的行为能否为相应的合同及物权规范所涵摄。即便对于制定法之外的商事习惯而言，习惯的商事属性也是源于该习惯所涉之交易领域，并进而拘束进入该交易领域之民事主体。❶尤其是，按《最高人民法院关于适用〈中华人民共和国民法典〉合同编的解释（一）（草案）》［2021 年第 6 稿，内容同原《最高人民法院关于适用〈中华人民共和国合同法〉若干问题的解释（二）》第 7 条］第 4 条之规定，交易习惯之适用，以对方在订立合同时知道或应当知道为心素，并不限于主体的私法属性。因此，与企业经营组织相关之交易习惯，即便名之为"商事习惯"，且事实上也以企业经营者的参与为常见，但也仍然存在拘束非企业经营者之可能。❷由此所形成的法律关系固然属于商事法律关系，但这种定性的名分意义大于实质意义。

其三，基于企业经营者的类型特征，可以正当化对交易迅速结清的需求、对私法自治的更高需求等法政策考量，进而我们可以识别、形成、续造区别于一般民事交易制度的商法（如商事买卖、商事租赁等）——这不仅指向诸如商事留置权制度中"企业"概念的解释，也指向那些将商事因素作为考量因素之一种的制度。这些规范的适用需以企业经营者的存为前提，进而形成商事法律关系。

在这一组商事法律关系范畴之下，若双方当事人均为企业

---

❶　Vgl. Karsten Schmidt, in: MünchKommHGB, § 346 Rn. 12; ders., Handelsrecht, S. 61f.

❷　在此基础上，考虑到商事习惯法与商事习惯在理论上的差别仅存在于前者具有法的确信，因此其在适用范围的界定上也与商事习惯一样，取决于该习惯法本身所面向的交易领域。

经营者，其所建立的法律关系自应被评价为商事法律关系；若仅其中一方当事人为企业经营者，其所建立的法律关系通常也仍具有商事属性。因为，在民商合一的立法体例下，许多包含商事考量因素的规范实际上就仅以其中一方当事人为企业经营者即为已足，例如，关于报酬或价款请求权等合同内容的确定方式、违约金酌减、商事往来中的沉默等制度。只不过在此需考虑企业经营者应在何种法律行为当事人的角色中加以出现，在上述例子中，商事受托人、商事居间人等企业经营者应依交易习惯而享有报酬请求权；债务人为企业经营者的情况下，因其相对于一般民事主体而言具有交易上的判断能力，无须违约金酌减制度的特别保护❶，于此方应限制酌减；基于交易习惯，企业经营者对商事确认函的沉默才具有同意的效力❷。在此之外，若认许《民法典》第685条关于保证合同的书面形式要求及第686条第2款关于未约定或约定不明时推定为一般保证的规则在商事法律关系中应予以限缩❸，则只有当企业经营者为保证人时，此种限缩才有正当性。此外，在前述商事买卖的情形中，若其同时构成经营者–消

❶　MüKoHGB/Maultzsch, 5. Aufl., 2021, HGB § 348 Rn. 1.

❷　参见石一峰：《沉默在民商事交往中的意义——私人自治的多层次平衡》，载《法学家》2017年第6期。

❸　对于企业经营者而言，保证的书面合同所欲实现的警告功能并无必要，在有偿受托或其他能够取得的利益而成立保证合同的商业逻辑下，制定法推定其享有先诉抗辩权也将使之相对于债权人而言获得过度保护。参见汪洋：《共同担保中的推定规则与意思自治空间》，载《环球法律评论》2018年第5期。类似法理也存在于其他营业过程中看似无偿的法律行为，例如，商场或超市为消费者提供免费自助寄存服务通常系其营业活动的组成部分，据此企业经营者不仅应负有特别的注意义务，同时也应当排除民事无偿保管合同中保管人仅就故意及重大过失负损害赔偿责任的责任限制。相关争讼及讨论另可参见周林彬、官欣荣：《我国商法总则理论与实践的再思考：法律适用的视角》，法律出版社2015年版，第132—134页；沈志先、符望：《自助寄存柜失包与超市责任——析李杏英与大润发超市财产损害赔偿纠纷》，载《法学》2003年第2期。

费者合同，则法律适用上仍然将存在消费者保护法与商事法的规范竞合。只是为了保护消费者，应优先适用消费者权益保护法的规范。

在我国《民法典》的视野下，真正以双方均为企业经营者作为适用前提的是《民法典》第 448 条但书中的商事留置权，这不仅因为在商事往来中，履行抗辩权或者基于同一法律关系而产生的留置权并不足以满足企业经营者的信贷需求，从而突破《民法典》第 448 条的前段规定而有其必要；同时作为法定属性任意性规范，其设权效果的产生却不取决于义务人的参与，因此负有义务的正当性就只能产生于平等互换性，从而在义务人方面也要求具有企业经营者的身份。

第六节　小　结

商事法律关系的界定是商法从唯名论走向唯实论的关键。但是，当我们在一定程度上"用民商分立体制下的民法理论，作为制定民商合一的民法典的指导思想"❶时，商法的外在体系又会不可避免地因法典体系在总体上的一般私法取向而被碎片化，使商事法律关系在很大程度上弱化成各制度中的一种考量因素。斯时，我们也无法直接移植比较法上的商法制度及商事法律关系界

---

❶　张谷：《民商合一体制对民法典合同编的要求》，载《北航法律评论》2016 年第 1 期。

定的模式，因为对于任何一国的私法秩序而言，都不存在先验的商法及商法体系。在折中式民商合一的民法典背景下，任何因循单一比较法域的商法典知识的做法都不能为我们提供完整且适切的有关商法的体系框架与体系内容。虽然如此，但商法的素材源于商业社会的经济往来这一点却无法否认，各国经济活动的相似性也无须否认，据此，各国商法典缘起的共同基础也势必存在。商法的比较历史也恰如其分地晓喻吾人，对于经历了历史转变的现代商法而言，商法典共同的思想基础在于客体意义上的企业经营组织。由此，企业经营组织及与之相关的企业经营者就像商法基础中的"最小公约数"一样，不仅过滤了各国商法典的历史与技术浮沫，而且在教义学上可以作为通约整个商法体系的支柱，成为识别、续造商法规范的内在基础。也正因其仅系"最小公约数"，因而被发现或续造的商事规范可以无保留地适用于相应的企业经营者之上，但从商法教义学的角度看，前述规范中的一部分仍有依其法理类推适用于小营业经营者的可能，这不仅包括诸如违约金调整、价款或报酬请求权的确定、动产善意取得等将商事因素视为规范构成要件的规则，还包括前述商事保证中先诉抗辩权的除去、形式自由以及商事留置权制度。❶ 由此，我国私法体系基础上独立的商法意识始得可能，逐渐做"加法"的方式不断完成商法学的体系建构才得以展开，《民法典》基础上商法的"祛魅"才得以实现。

---

❶ 类似观点参见 MünchKomm/Maultzsch，5. Aufl.，2021，HGB vor § 343 Rn. 16。

第四章 | 商事交易法的形成性法源

第一节　引　言

从前文论述已可发现，虽然私法的具体实证化形态在历史、私法学术及法典技术等因素的影响下，可以表现出多种形态，但是对大陆法系的私法学说而言，这种表象背后的体系分殊事实已经无法否认，且日益明显。民法与商法二元格局的理解和对特别法规则（*lex specialis*）的质疑，本质上体现的是在观念上对制定法——不仅包括特别私法，也包括一般私法——的不信任。而且毫无疑问的是，商事立法越是滞后，或者商事法在立法活动中越是被矮化，对前述适用规则的教义学省思与批判就会越剧烈。就此而言，固有意义上的民法与商法的分野只是为商法学的内在体系建构提供一种批判视角❶，它仅仅是私法体系建构和法律适用等实践问题的开端。从体系学的情境跃入实证法的情境，探究在私法体系分殊的问题意识下实证法的形式与实质，才是研究民商关

---

❶　"体系"一词，无论在比较法上（System）还是在中文语境中均有多种含义：其一，在日常语用中，将法律看成一个体系，以此界分于其他社会系统，但并不对此所谓"法律体系"提出相应规范意义上的要求；其二，法作为一种教义学体系，在此意义上法学家完成解释学作业；其三，在法典意义上，将制定法看成一个有机整体，并通过"提取公因式"等方式而产生所谓的"体系化效应"。对此，可部分参见谢鸿飞：《中国民法典的生活世界、价值体系与立法表达》，载《清华法学》2014年第6期，第32页；Franz-Joseph Peine, Das Recht als System, 1983, S. 11。此外，在比较法语境中，将法律体系（Rechtssystem）等同于法族（Rechtsfamilien），以指称基于相同或者类似传统的法系，这一点在中文文献中较易辨别。

系的主要问题。

毫无疑问，依照"事物的本质"，民法问题与商法问题至少在类型意义上应作区分，且民法与商法在实证法上的区分属于这种区分的题中应有之义。因此，在实证法的视角下，民法相对于商法的备位性就首先表现为私法的法源问题，尤其是关于商法的知识何以可能的问题。对此，我们首先会考虑将制定法看成知识来源。不过，传统意义上法官之受拘束于制定法的要求不应在依法治国原则（《宪法》第 5 条）的边界之外具有限制法秩序形成、发展的效力，因此制定法不是法学思考的终点，而毋宁只是起点。本章的主旨就在于探讨制定法垄断了大部分法源的前提下，私法规范的界分在法源层面如何展开及各自体系之纲目（原则）如何形成的问题。

第二节　商法法源在传统认识基础上的扩张

商法法源首先是现行私法体系中法源理论的组成部分，并在此基础上体现其差异性。因此，首先应当检讨的是当前一般法源学说的问题。

一、法源学说的一般问题

纵然在通常意义上作为认知"法"的存在而使用，"法源"概念也并非在抽象层面即可得到彻底论述，而毋宁显示出其情境性与主体性的特征。❶ 所以，"法源"概念的多义性与其说是这一概念的特征乃至不足❷，毋宁是体现了论述情境的差异性与出于不同内涵表达的必要性。在这种情境性与主体性的观照下，通行教科书对部门法法源的论述所揭示的仅仅是该部门法领域的一部分法源，即制定法。但是，制定法并不具有现实性，而只提供了法的可能性。❸ 因此，譬如对于时刻面临待决案件的法官而言，这种法源理论并不能充分解决规范供给的任务；而至于法律学者，"则需考虑可能的所有方面"。❹

　　对于这一问题，人们首先想到的是在制度层面突破单一制定法作为法源的传统观念，将其他参与法持续形成的制度力量，尤其是司法判决所形成的法官法纳入事实上法源的范畴之中。❺ 法官法在事实上的拘束力与形式上的无拘束力之间进退维谷，进而形成了它在机械性的法源学说中稳定的尴尬地位。

　　实际上，在成文法国家，法官法的法律解释与续造工作乃是相关法学诫命教义学化的组成部分，即通过对司法实践结论的去语境化（Dekontextualisierung）从而形成相关规范的教义学知识，继之以此种规范知识理性化、体系化基础之上的稳定

---

❶　Vgl. Ralf Dreier, Probleme der Rechtsquellenlehre: Zugleich Bemerkungen zur Rechtsphilosophie Leonhard Nelsons, in: Fortschritte des Verwaltungsrechts: FS für Hans J. Wolff zum 75. Geburtstag, hrsg. von Christian-Friedrich Menger, München: C. H. Beck, 1973, S. 8.

❷　考虑到"法源"概念的不确定性，凯尔森呼吁要避免使用这一概念。Vgl. Hans Kelsen, Reine Rechtslehre, 2. Aufl., 2014, S. 287f.

❸　Vgl. Arthur Kaufmann, Analogie und "Natur der Sache", 2. Aufl., 1982, II Rn. 2ff.

❹　Vgl. Ralf Dreier, Probleme der Rechtsquellenlehre: Zugleich Bemerkungen zur Rechtsphilosophie Leonhard Nelsons, in: Fortschritte des Verwaltungsrechts: FS für Hans J. Wolff zum 75. Geburtstag, hrsg. von Christian-Friedrich Menger, München: C. H. Beck, 1973, S. 8.

❺　参见黄茂荣：《法学方法与现代民法》，中国政法大学出版社 2001 年版，第 5 页。

化（Konsistenzialisierung）为这种规范知识在司法实践上的再
具体化（Rekonkretisierung）提供可能。❶换言之，法官法仅仅
是一种形成中的法源——职是之故，后文将此称为"形成性法
源"——而司法实践所产生的诚命的事实上拘束力，通常需要教
义学工作在制定法的基础上重新检验方始可能——如果说这种
拘束力源于"法的平等性"（Rechtsgleichheit）及"法的安定性"
（Rechtssicherheit）❷，则错误的判决同样应有拘束力，但这种结论
是令人难以接受的。

    法源问题的根本涉及的是宪法问题。它首先涉及宪法性的事
实问题，即国家在诉讼制度上垄断了大部分纠纷解决程序，因此
它也势必对所欲解决的纠纷提供相应的法秩序之整体。在此基础
上，它还涉及宪法的规范问题，即有关法官受拘束于法律的基本
规定。宪法对此无论是作出积极回应还是保持沉默，都不否认法
的形成机关全面的法秩序创设任务。换言之，静态的制定法此时
仅仅作为法秩序之一部分而存在，构成形式性的法的有效性渊源；
而依附于此种制定法规范形成的法的内容，虽然其形成有赖于司
法实践和学说，但同样也构成法的有效性渊源。由此可知，无论
是从事实层面还是从规范层面，法源在实质内容上都应当与法秩
序相等同。❸确切来讲，法源构成了法秩序的表象，它由制定法
及法体系内的其他规范两部分组成。

---

❶　Vgl. Matthias Jestaedt, Wissenschaft im Recht: Rechtsdogmatik im Wissenschaftsvergleich, JZ
2014, 1–6.

❷　参见黄茂荣：《法学方法与现代民法》，中国政法大学出版社 2001 年版，第 4—5 页。

❸　由于法源在本质上涉及有关法的知识的存在命题，它就有必要与法学方法论作出区
分。方法论在根本上服务于司法个案，着眼点在于制定法。它本身并不是体系，而
毋宁是建构体系的一种方法。

二、商法法源的基本构造

在我国商法学的法源叙事中，法源基本上以（1）国家法及其衍生品，包括法律、司法解释、国际条约等，和（2）国家法的补充规范，包括商业团体的自治规则、组织契约（如公司章程）和商事习惯法等。[1]后者虽是私法自治原则在商法领域的贯彻，但其效力的源头仍是实证法规范的授权或承认。这种实证主义取向的法源体系的正当性在于它以人民主权原则为基础，即具有代议能力的立法机关居于其他国家机关之上并承担制定形塑国家秩序法规范的任务。基于此，我们可以将这种意义上的法源称为"认知性法源"（Rechtserkenntnisquellen）[2]，据此我们知悉有效现行法的存在及其边界。

制定法作为法源的基础意义不仅在于规范内涵在教义学工作基础上的持续加工，还在于制定法本身形塑法源规范，以揭示完整的法源内容。《民法典》第 10 条规定："处理民事纠纷，应当依照法律；法律没有规定的，可以适用习惯，但是不得违背公序良俗。"我国民事立法既以（折中式）民商合一为宗，则此处"民事纠纷"系指私法上之纠纷，固不待言。但是对"法律"概念的理解，除其核心组成部分之制定法外，尚存不同见解。[3]事实上，在类型学上，一方面，从民商合一的角度来看，"法

---

[1]　参见王保树主编：《商法》，北京大学出版社 2011 年版，第 18—21 页；施天涛：《商法》（第 4 版），法律出版社 2010 年版，第 9—10 页。

[2]　陈爱娥将此译作"法的认识性根源"。参见［德］卡尔·拉伦茨：《法学方法论》，陈爱娥译，商务印书馆 2003 年版，第 302 页。

[3]　如张谷：《从民商关系角度谈〈民法总则〉的理解与适用》，载《中国应用法学》2017 年第 4 期，第 145 页以下。

律"不仅包括制定法规范本身，还包括习惯法。❶因为从效力来看，习惯法与制定法属于同一位阶的法律渊源，习惯法不应当劣后于制定法——它不仅能够在相应的交易领域内排斥任意法的适用，甚至也能变更或取代强行法。❷另一方面，如前所述，"法律"还包括制定法条文本身之外的以司法实践（或者说"法官法"❸），尤其是法官的法律续造活动所形成的民、商事规则。

---

❶ 我国台湾地区所谓"民法"第 1 条规定："民事，法律所未规定者，依习惯，无习惯者，依法理。"在法律与习惯问题的构造上，与《民法典》相类似。因而也面临类似解释学上的问题，即习惯法究竟属于"法律"范畴，抑或"习惯"，不无争议。其少数说者认为，台湾地区所谓"民法"第 1 条所谓之"法律"，包括制定法与习惯法。参见梅仲协：《民法要义》，中国政法大学出版社 1998 年版，第 9 页；黄立：《民法总则》，中国政法大学出版社 2002 年版，第 54 页。其多数说则主张，"法律"应以制定法为限，而"习惯"则为习惯法。依胡长清的见解，"法国学者则谓习惯法即习惯，二者并无区别。我新民法不称习惯法而称习惯，似与法国学说相同，实则不然。盖在外国，如瑞士各邦原有习惯法之称谓，但确有一种成文的习惯法存在，故我新民法为避免混淆起见，不称习惯法而称习惯"。参见胡长清：《中国民法总论》（上册），商务印书馆 1934 年版，第 29—30 页。类似见解参见王伯琦编著：《民法总则》，"国立"编译馆 1979 年版，第 4 页；王泽鉴：《民法总则》（增订版），中国政法大学出版社 2001 年版，第 56 页。唯此种习惯法在我国民法语境中如何理解，尚待后文详述。

❷ Karsten Schmidt, Handelsrecht: Unternehmensrecht Ⅰ, 6. Aufl., 2014, S. 35. 此外，商事习惯与商事习惯法虽然在理论上存在明显差异，后者不仅为广义的商事习惯增加了法的确信要件，而且具有全国性的效力。但是，日本商法学者认为，"作为现实问题要判定商事习惯是否具有法的效力是十分困难的"，因此不承认商事习惯与商事习惯法的本质区别。据此，《日本商法典》第 1 条第 2 款所谓"商事习惯"即商事习惯法。参见［日］近藤光男：《日本商法总则·商行为法》，梁爽译，法律出版社 2016 年版，第 9 页。

❸ 学理中亦不乏直接承认法官法的法源性主张。譬如，齐佩利乌斯就认为，在法典化传统的法秩序中，法官法作为法源的正当性无法被否认。参见［德］齐佩利乌斯：《法学方法论》，金振豹译，法律出版社 2009 年版，第 15 页。

第三节　民法与商法法源的异质性及其表象

　　由此可见，民法与商法在现实的法源上具有同源性，即以一种内容扩张了的法律概念作为基本法源。但是，形式性的法源结构上的同源性无法掩盖民法与商法法源实质上的异质性，而正是这种法源层面的异质性，使得商法在法律获取上具有了独特性。

　　所谓法源上的异质性，指的是民商事规制领域因功能差别而形成私法原则及规范的解释进路及形塑需求强度上的差异。

　　具体而言，民法大部分规范的形成，一方面肇端于市民社会的自发秩序，从而形成交易法制度；另一方面则源于历史经验、宗教观念、社会经济观念及宪法的价值秩序功能，从而形成主观权利及其救济体系，乃至家庭法制度。正如历史法学派的代表人物普赫塔所揭示的那样，民族精神在法的形成过程中扮演了至关重要的角色，但是在法典产生之后（法典本质上就是民族精神的体现），作为立法驱动力的民族精神就变得不复重要，转而由法学家阶层来对制定法本身予以解释，重新诠释这种被固定下来的民族精神。对于法治继受国家而言，作为市民社会交易法的民法的形成首先是政治决断和法学家技术继受的结果，政治家和法学家恰是民族精神的形塑者。在民法法源的内涵扩充问题上，民族精神意义上的法制形成至多给立法者形成了微小的无名合同有名

化的动力❶，在此之外，对于以民事契约制度为核心的现代民法制
度而言，一旦"私法自治"的理念被落实，法律续造的任务就不
在于纯粹法政策性质的法的续造❷，而在于在体系内原则与制度双
重制约下的诫命具体化。

在商业法领域，法源的构造虽然呈现出与民法的同源性特
征，即以制定法为核心，不过却依然拥有明显的异质性，一方面
表现为商法更为强烈的法律续造需求，另一方面表现为商法法律
续造的独特知识来源。

一、商法面临经由司法实践而发展法源的压力

与民法形成对比，并对时刻面临着形塑未来商法挑战的
商法教义学而言更有意义的则是"形成性法源"（Rechtsentste-
hungsquellen）❸，即商法法权关系形成的渊源（或者说商法制度的形
成机制）。它与前者的关系可譬之以源与流：商法制度不断形成，
并汇入实证法的河流。

---

❶ 在此需要说明的是，契约法制度正日益朝着民事契约、商事契约和消费者契约三分
法的方向发展。消费者契约的兴起催生新的有名契约的形成，在欧陆通过欧盟的消
费者保护指令而成为传统民法典的新的构成要素。但即便在立法上发生这种变动，
它们却依然不能被理解是"一般私法－特别私法"区分基础上的"一般私法"，而
毋宁属于特别私法的范畴。对交易主体特殊性的强调和权益上的特殊保护制度使之
失去了一般法的品质，而毋宁是一般法基础上所发展出来的特别法。因此，消费者
契约可以是民法典的组成部分，却不是民法的组成部分。

❷ 魏德士（Rüthers）则提出，任何一种法律续造都包含着法政策学的面向。Rüthers/
Fischer/Birk, Rechtstheorie mit juristischer Methodenlehre, 7. Aufl., 2013, S. 486. 在体
系的动态或开放领域（例如对诚实信用等一般条款的解释）的确会因立法的有意谦
抑而存在法政策性的法律续造活动，但它也仅仅涉及制度价值的具体实现。

❸ 由此亦可管窥"法源"（Rechtsquellen）概念的不确定性。对"法源"概念作"认
知性法源"及"形成性法源"之区分者，参见 Theo Mayer-Maly, Einführung in die
Rechtswissenschaft, Berlin, Heidelberg: Springer-Verlag, 1993, S. 10; Theodor Bühler,
Rechtsquellenlehre Band 2: Rechtsquellentypen, Zürich: Schulthess Polygraphischer
Verlag, 1980, S. 2ff.; Peter Liver, Der Begriff der Rechtsquellen, in: Privatrechtliche
Abhandlungen, Bern: Verlag Stämpfli & Cie AG, 1972, S. 34f.。

在私法秩序中，相对于一般私法（民法）在结构上的稳定性❶，商法的变迁可谓是永恒的特征与话题，商法制度从未在历史的某一个时点定格不前，因此对于面向未来的商法学而言，商法的形成性法源恰成了商法法源问题中最值得深思的议题。

其一，静态的商法制度只是商法学的一个部分，将时间因素纳入现时考量之后所凸显的商法的持续发展才合乎商法存在的实际状态。实证法的国家主义取向深刻地影响了法学，商法亦莫能外，但国家实证法只能发现并记载现有制度，却无法独揽法律发展的任务，尤其常常滞后于商法制度的更新。商法的法律发展任务毋宁涉及去中心化的、多元主义的自发秩序形成与司法过程，并由此产生处于制度形成与法典形成之间的需要学理予以规整的灰色地带。

其二，从商法教义学的角度讲，实证化的商法所提供的是行为的体系化评价机制，抛开商法中的法政策内容不提，认知性法源和形成性法源都是私法的一般法律思想（基本原则）在具体制度层面的实现，两者产生形式分野的基准点为立法时刻。因此，随着时间的推移，一方面两者的互补性将日趋明显，另一方面二者的分界也将日趋模糊，这正如维亚克尔所说的那样："规范与规范适用在严格意义上将难以区分，因为任何一种'适用法律的'判决同时也构成'点状的法律续造'（punktuelle Rechtsfortbildung），构成形成中的法律（Recht im Wenden, law in making）。"❷在我国，因商法认知性法源的滞后性而产生的形成性

---

❶　笔者已于第二章中参酌欧陆私法在消费者保护运动兴起之后的发展迹象阐明了这一论断。除此之外，民法典本身因远离政治而体现出来的稳定性也常为学者所乐道。参见苏永钦：《寻找新民法》，北京大学出版社 2012 年版。

❷　Franz Wieacker, Gesetz und Richterkunst, in: Ausgewählte Schriften: Theorie des Rechts und der Rechtsgewinugn, hrsg. Von Dieter Simon, Alfred Metzner Verlag, 1983, S. 46.

法源不断侵蚀前者空间的形态更是以司法解释这种强势的、在分权体制下只能称之为准法源的形态而大量出现。

其三，形成性法源作为广义的法源理论的组成部分具有其合法性。在传统的权力分立理论与法治国原则中，法官受法律拘束属于当然之理（譬如《民事诉讼法》第 7 条之文义）；不过对权力分立理论决然的遵循事实上隐含了制定法的自足性前提，一旦这一前提不复存在——对此历史已有明训——法官受法律拘束就应当修正为法官受"法律及法"的拘束❶，否则法官的法律续造也就无从谈起。易言之，即便从法源角度看，我们也不能否认意志行为之外的法的存在——实证法构成了法秩序的主体，但法秩序从不以实证法为限❷；两者的灰色地带构成了形成性法源的生存空间。

在这种合法性论证中，我们可以进一步推知对商法的形成性法源在法源学说中予以讨论的正当性：首先，存在于法秩序之中的商法形成性法源经过学理的纯化之后便具有规范性，即司法实践过程基础上的规范效力（而不局限于其事实上的拘束力）——其在法源理论中的地位也源于此；其次，法秩序与制定法的落差，使商法的形成性法源具有相对于实证法的补充性与变更性；最后，它并不侵越制定法的形成自由，即立法机关仍然有权就业已形成的形成性法源进行确认或者变更。而至于其是否具有适用上的优先性，则端视所涵摄商事案例之大前提，而非刻板的规范适用先后顺序。

由此产生的无法回避的问题是：商法的形成性法源与商法的法律续造是何种关系？诚然，商法的形成性法源在很大程度上

---

❶ Vgl. Karl Larenz/Claus-Wilhelm Canaris, Methodenlehre der Rechtswissenschaft, 3. Aufl., Berlin, Heidelberg: Springer-Verlag, 1995, S. 190.
❷ 国家主义兴起之前，商人法以超越国家的形态存在，这同样是法秩序的组成部分。实证法秩序即便不承认习惯法的法源地位，也无法否认其参与法秩序建构的事实。

通过司法活动（尤其是法官的法的续造）而获得，不过两者之间仍然存在观察角度、内容与性质上的区别。详言之，第一，法官的法律续造通常借助个案填补法律漏洞（法律内的法的续造）或者发展现有法律中仅仅得到微弱表达的思想（超越法律的法的续造），因此它是以当下个案与具体规则为取向的，而形成性法源则是以普遍有效性与体系补充为取向的。第二，司法实践是形成法源的一种机制，但是法源的形成不以此为限，毋宁将司法实践、商业实践均视为其广义的法律发现手段。❶第三，经由司法实践而完成的法秩序内的法律获取，在商事习惯法实际消亡的现代社会❷，完成了相应的功能替代任务。

----

❶ 在个案层面，人们也无须将商事习惯法与商事习惯作绝对的对立。这不仅因为两者的具体界分常常难以判断（对此可参见 Karsten Schmidt, Handelsrecht: Unternehmensrecht Ⅰ, 6. Aufl., 2014, S. 30），还因为两者的差异更在于一种空间上的差别，而非强度——契约有时候也会被认为是当事人之间的法，但当事人未必就会有法的确信，而且在习惯法适用的情况下，其他商行为的参与人即使不知悉习惯法的存在，同样受该习惯法的规制。

❷ 尽管商法学者至今津津乐道于习惯法在商法上的特殊意义，但习惯法毋宁从总体上看——之所以说总体，是因为在国际商事交往领域依然存在着"新商人法"兴起的现象与呼吁——更属于商法的过往历史，而非有重要意义之法源。在私法的制定法相对健全的时代，习惯法必然会逐渐丧失其现代意义。譬如，德国自帝国法院时代以来，就没有以习惯法为依据的裁判诞生。Enneccerus-Nipperdey, AT, 1959, Band Ⅰ., § 38 Ⅱ, S. 262. 转引自吴从周：《法源理论与诉讼经济：民事法学与法学方法》（第 5 册），元照出版社 2013 年版，第 32 页。基于此，学者普遍认为，原初意义上的习惯法在今日实务中依然发挥作用的毋宁是借判例而创造出来的法官法，或者说，今日所谓的习惯法，实际上就是一种固定的以法院惯例作为表现形式的规范。Karl Larenz/Claus-Wilhelm Canaris, Methodenlehre der Rechtswissenschaft, 3. Aufl., 1995, S. 258; Rüthers, Rechtstheorie, 2005, Rn. 233. 因此，科因（Coing）在德国民法典评注书中适切地指出："如果将法官法（判例）排除成为习惯法，则习惯法在现代生活中将几乎不再有适用的余地。习惯法不仅是法律发展的前阶段；它主要形成于一个小范围空间且易于掌握观察的人际生活关系中，像中世纪时期平均居住人口只有 1 万—2 万人的城市、封建领主的土地或村庄内。但在现代一个平均人口动辄数百万的国家内，要形成一个统一的习惯法，实在难以想象。剩下的，只有一些个别职业团体的观念，但因无关公众利益而不能被认为是一个普遍的法则。它们虽非不重要，但只配成为法秩序中的交易习惯或者职业标准而已！"Staudinger-Coing, Einleitung zum BGB, 2011, Rn. 242. 译文摘录自吴从周：《法源理论与诉讼经济：民事法学与法学方法》（第 5 册），元照出版社 2013 年版，第 38 页。

二、商法法律续造的价值原则取向

仅仅是法律续造强度上的论述尚不足以完整揭示商法在法源面向上与民法的区别，更为关键的还在于，商法的法律续造具有与民法不同的价值原则取向。传统民法在总体上以自由主义为原则取向，但是商法则在总体上形成了两个层面的自由主义与严格主义相互结合的法律续造取向。首先，在商事交易法及其基础层面，一方面，商事交易法与民事交易法具有构造上的相似性，因此在制度取向上，仍遵循自由主义；但是另一方面，商事交易之基础，如商号法、商事登记法，乃至票据法、资本市场法等领域，则因维护交易秩序的需要而恪守取严格主义。❶ 其次，在团体法层面上，团体成员以契约形式形成社团，从而自由主义构成了基础；但是在既定类型选择下，团体法的法律强制则仍然俯拾即是。

从商业法中严格主义的存在现象可以合理预期的是，商法的法律续造绝不可能仅以自由主义的价值推导为限而展开，而是同样会涉及强行法的持续引入。严格主义之下的法律续造关涉商法的秩序价值，因此法政策的形成无法通过另一种法政策的具体化的形式来实现，而是以局部体系下功能主义的建构形式来实现。

由此可见，商法的法源在内容上因为法律续造在强度与原则上的差异而形成了对制定法更为显著的规范革新压力，因为许多强烈的法政策取向的规范无法妥善地通过教义学规整的方式与现有规范相结合，而毋宁需要新的法律制度的形成，或者更确切地来说，需要新的文本表达。

在这种对比下，以实证法为取向的"一般私法–特别私法"适用规则的问题就凸显出来了。其一，一般私法的认定本身就是

---

❶　参见梅仲协：《商事法之特征》，载《法令月刊》1941 年第 4 期，第 5 页。

一个值得注意的法律问题。如果我们以民商分立的立法体例为参照系，认定这些国家的民法典等同于一般私法，则随着消费者契约法等在观念上应纳入民法典但在体系上属于特别民法的组成部分的法律领域的兴起，一般私法的判断就至少需要在剔除特别私法的基础上才能完成。其二，一般私法是因制定法结构而产生的在学理上的功能性概念，"特别法优先适用，一般法补充适用"这一针对制定法适用规则的有效性就十分依赖于特别法本身在制定法上的完备性——商事制定法的规定越充分，一般私法规范的备位适用就越具有妥当性。因此，这一历史悠久的法律适用准则如要维持其有效性，就应当放弃以制定法为核心的法源理论，而认可商法法源理论上的多元性，尤其是认可商法的形成性法源在法律适用过程中的意义。

第四节　商法法律获取中原则的特殊意义

商法的原则虽然是商法秩序的重要组成部分，但是它一方面未必依赖于实证法而得以发现或证立，另一方面未必能够通过演绎的方式在个案中得到直接适用。❶就原则的形成问题

---

❶　也有一些文献主张以诠释学的方式确立原则的具体内涵。参见［波兰］耶日·司泰尔马赫、巴尔托什·布罗热克：《法律推理的方法》，孙海涛、孙江潮译，中国方正出版社 2014 年版，第 198 页。但是从通说见解来讲，原则仅仅涉及在个案中予以具体化的问题，而非通过单纯的建构行为理性地获致其全部内涵。Vgl. dazu Robert Alexy, Begriff und Geltung des Rechts, 1992, S. 120.

而言，埃塞（Esser）适切地论述道："制度的理性'原则'并非原初的造物主（Demiurg），而是从纷繁复杂的具体解决方案（Sonderlösung）中历史性地漂洗之后形成的萃取物。基于当时时代与社会背景下的观念，前述解决方案给予了司法实践和学说以现时的社会需求和利益冲突。"❶ 不过，这一表述否定了原则先于具体法秩序而形成的可能性，从而否定了法秩序从原则中以演绎方式加以形成的构想，但是在此之外，并未就法秩序与原则的关系作出进一步的说明。从现代民族国家在 18 世纪形成国家的法秩序的历史经验来看，法秩序既然本质上是一种理性建构的产物，则至少可以肯定的是，抽象意义上的原则与法秩序的具体形成相伴而来，因为具体制度形成是在一定观念之下完成的。因此，抽象意义上的原则在本处也可以等同于"一般法律思想"。❷ 这些一般法律思想的具体实现，或者说具象意义上的原则，不仅取决于现有的制度安排，也取决于通过个案决疑来不断补全这些具象原则在法秩序中的轮廓。❸ 就前者而言，民法中衡平思想（Billigkeit）虽然在两大法系都得到了承认，但是衡平的具体展开则是不同的，在英国法中，不存在独立的不当得利法的体系，而在德国法系（包括瑞士等国）私法学说中，不当得利法则是债法的重要子体系。两种意义上的原则虽然都不具有法律适用和续造意义上的完整性，但是它们的核心领域却依然能够对法律续造提

---

❶　Esser, Grundsatz und Norm in der richterlichen Fortbildung des Privatrechts: rechtsvergleichende Beiträge zur Rechtsquellen-und Interpretationslehre, 1990, S. 325ff.

❷　在许多法学方法论的论述中，高位阶的原则也被等同为"一般法律思想"，其内在原因正如笔者所揭示的那样——人们对于该原则只有较为抽象的观念或信条，但是对于其具体内涵和外延则仍未遑阐发。相关论述参见［德］卡尔·拉伦茨：《法学方法论》，陈爱娥译，商务印书馆 2003 年版，第 348 页。

❸　这一过程就类似于从经验中原则概念的不断廓清，走向柏拉图式理念论意义上的原则。

供一种"取向"或者指引。

一、私法在原则层面的三分法

就其相同之处而言，"原则"这一概念固然揭示了所指称的法的诫命在构成要件和法律效果上的开放性，并因此无法在司法实践中直接适用的特征；但是就其相异之处而言，原则又可以区分为不同位阶的法的诫命：它有的时候指称一般法律思想，有的时候则指称法的技术性原则。前者包括自由原则、平等原则、法治国原则等；后者则包括私法自治、信赖保护、诚实信用等原则。可见，一般法律思想因为在位阶上高于法的技术性原则，因此，它一方面更加难以直接付诸实践，另一方面则可以辐射于更为广阔的法律部门。在现代的私法一般体系观念下，民法在规则层面负担着一般私法的角色，因此，它不仅需要解决市民社会的一般私法规则，同时还需要就市民阶层之资质与特征作出相应的法律安排。就原则的辐射作用而言（规则不存在这种辐射性），作为特别法的商法不仅承受来自一般私法的一般法律理念与技术原则的支配，同时还受自身体系内的技术性原则的支配。这就形成了私法领域原则层面的三分局面：一般私法上的一般法律理念与技术性原则，纯粹民事往来领域的技术性原则以及商事往来中的技术性原则。纯粹民法领域的技术性原则立足于民事往来的特性，从事理上的差异性角度看，它就不应当对商法的具体制度建构产生影响。

如第二章所述，原则可以从目的的角度予以理解，但是对于一般私法领域的一般法律思想等伦理性原则而言，人们无须重新考察其目的性——因为这些抽象诫命的诠释者如果妄称能充分理解其极其杂的目的性并加以诠释及具体化，则他们的这种臆想出来的能力也必将为侵扰市民社会秩序的外在系统的见解所引导、利用。当然，法律原则也并非纯粹形而上的存在，它作为教义学的结构性价值不仅是法秩序的结晶，也拘束着立法与司法。但是在对待一般法律思想的诠释问题上，教义学上所出现概念及命题却只能提供"分析"的价值判断，而欠缺"形成性"（synthetisch）的价值判断。❶ 与此形成对比的是，体系性的拘束与衍生力能够有限度地及于法的技术性原则层面，从而使得一定程度上的诠释成为可能。尤其是当技术性原则的目的性彰显时，技术性原则内容的分析与合成都将在法教义学的层面上成为可能。因此，以下论述主要集中于私法的技术性原则问题上。

二、商法领域原则的形成及其意义

在上述二象的原则理解下，对一个自足的法体系而言，在其历史形成的法权体系中寻找体系的原则，一方面涉及学术性的理论构想任务，另一方面也涉及面向实践的法学之下持续性整合的司法判决任务。❷ 这一结论本质上合乎评价法学派在论述超越法律的法的续造时所提出的将"法的伦理性原则"❸、"交易需要"和"事物的本质"视为续造的重要知识来源的见解。其一，法的伦理性原则本质上可以作为学术上构想的重要对象；其二，交易需求主要通过司法实践活动加以识别和认可，由此充实具体化具象

---

❶　Vgl. Esser, Grundsatz und Norm in der richterlichen Fortbildung des Privatrechts: rechtsvergleichende Beiträge zur Rechtsquellen- und Interpretationslehre, 1990, S. 303ff.

❷　对后者面向的强调参见 Josef Esser, Grundsatz und Norm in der richterlichen Fortbildung des Privatrechts: rechtsvergleichende Beiträge zur Rechtsquellen- und Interpretationslehre, 1990, S. 228。

❸　需注意的是，法的伦理性原则尚不能等同于二象意义上的原则。后者要么涉及的是一般法律思想，因此在外延上比法的伦理性原则要宽泛；要么涉及与具体制度相结合的结构性原则或制度性原则，伦理性的面向则并不突出。

意义上的原则；其三，所涉及的"事物的本质"具有一种准逻辑性质的内涵，本身具有工具性的独立价值，但也可以纳入前面两种法律续造渊源之中。

（一）民法领域法的伦理性原则作为续造渊源的重要性

任何一种法律续造都不是通过一维的演绎活动完成的，而毋宁常常针对所涉及的问题所从事的复杂的法政策考量，以至于实际上具有一种"论题学"（Topoi）的倾向。只不过，这种相对开放的论题讨论尚不能等同于恣意，它依然受以一般法律思想形式出现的客观信条的拘束。后者在历史形成的法体系中作为规则得到了事实上的承认与体现。因此，一个合理的决疑性质的法律续造本质上应当是实质正当性的片段化描述。

在民法领域，伦理性法律原则具有超乎其他考量因素的重要性。这一方面是因为，许多私法的法律原则——如诚实信用原则——系针对法律上有意义之行为（不限于法律行为）而作出，无视其行为之主体特性。因此，在通过个案发现该原则之新面向时，依循该原则而产生的更为具体的诚命则归入一般私法的体系之中，进而得作用于整个私法领域。权利滥用之禁止、权利失效（Verwirkung）及信赖责任之一般学理等，莫不是涉及整个私法领域内具有法律上意义之行为并基于诚实信用原则而产生，并当然地也对商事法领域产生意义。当然，当诚实信用原则出现于商事特别法领域时，基于商业往来具体表现形式的特点，该原则又会出现新的区别于一般私法的内容。例如，在涉及合伙人的诚信义务时，由于合伙是人的共同体，参与者之间存在着相比简单的债之关系（如交换契约）更为紧密的人身联结。因此，诚实信用原则作为合伙协议特有的义务，它超出了民法中有关诚实信用的一

般要求，进而产生了维护合伙利益的积极义务，及毋损合伙事业的消极义务。❶

　　此外，民法领域尚涉及诸多伦理性原则原则上乃针对作为民事主体之自然人而产生——譬如在人格权领域 ❷——由此形成民法领域所独有之法律续造方面。对此尤其可以在人格权领域得到印证。就我国而言，在《民法通则》、《最高人民法院关于贯彻执行〈中华人民共和国民法通则〉若干问题的意见（试行）》及有关精神损害赔偿之司法解释中，并无有关隐私权之规定，但相关司法实践及学理则均肯认隐私权为当然之人格权并应予以保护。❸针对人格权的侵权法保护，现行《民法典》第 1165 条以"民事权益"概念涵盖了人身及财产权利，并允许将来司法实践不断扩张人格权的具体内容。在制定法成型较早的比较法域，因作为法律原则的基本权而进行的一般人格权领域的法律续造就更为明显了。德国民法典第 823 条所规定的"其他权利"的司法赓续，肯认一般人格权为其首要内涵，这被看成法的伦理性原则指引下法律续造的典型。

---

❶　参见［德］格茨·怀克、克里斯蒂娜·温德比西勒：《德国公司法》（第 21 版），殷盛译，法律出版社 2010 年版，第 89 页。

❷　唯根据我国原《民法通则》第 102 条及第 120 条之规定，法人亦得享有名称权、名誉权、荣誉权等人格权。因此，在少数情况下，关于人格权之规定亦可适用于设立中的法人、无权利能力社团、法人，乃至不具组织性的多数人群。对此可参见王泽鉴：《人格权法：法释义学、比较法、案例研究》，元照出版社 2012 年版，第 66—68 页。但总体上看，对于法人的一般人格权只能有保留地予以肯定，其外延较之自然人为窄。Vgl. BGHZ 78, 24; 78, 274, 278 = NJW 1981, 675; 81, 75, 78 = NJW 1981, 2402; 91, 117, 120 = NJW 1984, 1956; 98, 94, 97ff. = NJW, 1986, 2951; Klippel, JZ 1988, 625.

❸　在《侵权责任法》出台之前，我国司法实践中涉及对隐私权加以保护的案例不胜枚举，兹举其一二，以证此说。参见北京市第二中级人民法院（2009）二中民终字第 5603 号、浙江省宁波市中级人民法院（2009）浙甬行终字第 44 号、广东省高级人民法院（2006）粤高法民三终字第 92 号等判决书。

相比之下，上述伦理性原则除因商事活动之特殊性而得以在商法领域呈现不同的样态，从而得承认一般性的法之伦理性原则对于商事法律亦有意义外，难以找到法的伦理性原则仅在商法领域得以阐发的例证。究其原因，一方面在于商行为法本身或以一般民法规范的特别规范而出现，或补充一般民法中的相应规范，或规定民法中未予以规定的构成要件，因此，法的伦理性原则基本上可以在一般私法的层面上对整个商行为法予以相应规制；另一方面，商事法领域中团体法的产生本身就不是基于某一个法的伦理性原则，而是在总体上构成一般私法领域法的伦理性原则具体化之后在商事法领域的投射，或者说是营业自由原则之下国家法秩序为商事活动之自由展开及商业繁荣（尤其是责任之限制）而特予建构的技术性规范群，因此在团体法的法律续造中，更为重要的毋宁是一些技术性原则。

同样对民商事法律领域的法的续造产生深远影响的还包括法律交易的需要问题。拉伦茨就德国法所列举的让与担保、收款授权及期待权问题[1]，在很大程度上是基于经济往来目的而出现的，它在商事交易领域更具有广泛运用的可能性，因此终结立法对相关问题所持有的不明朗态度甚至隐含的否定立场就具有更大的迫切性。但是，这一类法律交易需求——尤其是在担保法领域——同样于民事往来中具有意义。对于买卖性担保、让与担保等非典型担保形式[2]，其经济上之任务仍在于避免债务不履行之风险。由

---

[1]　参见［德］卡尔·拉伦茨：《法学方法论》，陈爱娥译，商务印书馆2003年版，第287—290页。

[2]　对此可参见金丽娟、张肖华：《买卖性担保的法律辨析与司法对策》，最高人民法院民事审判第二庭编：《商事审判指导》（总第38辑），人民法院出版社2015年版，第56页以下；陆青：《以房抵债协议的法理分析——〈最高人民法院公报〉载"朱俊芳案"评释》，载《法学研究》2015年第3期，第62页以下。

此可见，法律交易需求而形成的法律续造，主要涉及的还是一般私法领域。究其本源，乃因契约自由原则业已经由无名契约得以贯彻，因此，此种法律续造的需求主要在法体系并未一概承认私法自治的领域，例如物权法。❶

（二）商法上技术性原则与事物的本质对法律续造之特殊意义

除此之外，商法尤其是商事组织法领域，法律续造主要借由商法上的技术性原则结合事物的本质共同形塑。在此需要提出的一个合理假定是，目前的商事立法活动，即便在个别地方存有瑕疵，但所进行的法律制定工作总体上也是基于合理的目的指引而完成的，因此，商事制定法中的大部分规范可以最终合理归溯于商法的技术性原则。换言之，该种原则就可以通过寻找商事制定法的理性基础而得到总结。除此之外，司法实践同样受到这种理性基础的约束，因此那些经过司法实践部门及学理检验而得到承认的法教义学见解及学说，同样反映了商法的技术性原则的各个面向。所以，商法的技术性原则可以通过重返制定法的理性基础和司法实践的理性基础来完成。

（1）商事交易法领域的高度自治原则。这一原则从根本上来讲，源于商事主体相较于民事主体的特殊性。如第二章所阐述，商事主体包含了"以营利为目的"和"持续性地为商事营业"这些典型要素，因此，就其经营活动包含了专业性的计算能力这一特征而言，法律上的特别保护就不再重要。对此，日本学者田中耕太郎博士曾适切地评论，商事法律关系的当事人是"为了达

---

❶ 拉伦茨教授所谓收款授权及期待权问题，实际上仍然可以通过现行法得到肯认。现行法以债权让与为主要类型，但并未拒斥其请求力之代为行使。收款授权之后所可能形成的规整缺失，则属于另一个漏洞填补问题。

到其营利目的而进行最合理行动的人，因而是不需要一句法律来'监护'的'我行我素的人'"❶。因此，商事主体以商人为相应的风险承载主体，契约自由原则在商事交易法领域得到了进一步的扩张。譬如，在民法中，法律行为的要式主义通常都是出于对民事活动交易主体之特别保护而设定；但在商事交易中，对于时常处于法律风险之下的商人而言，此种保护则成累赘。❷唯现代商业制度及风险环境下，商人为规避不测之风险，事实上可能奉行更为严格的形式性，以免在诉讼过程中遭受法律风险，则另当别论。

（2）商事交易法领域扩张的信赖原则。从历史的角度看，整个私法领域因权利外观而引起的信赖保护原则最初恰是在商法和有价证券法当中发展起来的。❸在我国的私法体系中，商事领域的信赖原则一方面借由商事登记簿及其相应实体法效力规范加以落实，另一方面则因商业活动本身之特性而得以扩展其内容。依我国《民法典》第 65 条规定："法人的实际情况与登记的事项不一致的，不得对抗善意相对人。"❹就后者而言，例证更多。例如，在法律主体方面，有表见商人制度之适用可能；相比在民法中善

---

❶　［日］星野英一：《私法中的人》，王闯译，中国法制出版社 2004 年版，第 6 页。

❷　以估值调整协议的效力问题为例，晚近的司法实践已经适切地认识到，在估值调整协议中，投融资双方通常具有丰富的商业经验，能够依其自身利益作出最佳商业判断，因此在没有其他无效原因情况下，应当认可其基于私法自治而签订的"对赌协议"，而不应以传统的投资风险共担理论来否定契约的效力。参见（2014）鄂武汉中民商初字第 00304 号判决书。

❸　Vgl. Claus-Wilhelm Canaris, Die Vertrauenshaftung im deutschen Privatrecht, 1971, S. 151ff.

❹　唯就商法而言，该条一方面自文义观察并未当然囊括第三人因重大过失而不知之可保护性，对交易相对人之保护在程度上略显不足；另一方面则未就登记之内容予以区分（例如何为应当登记之事项，何为可得登记之事项），自文义观察得就一切可得登记之事项构成善意之客体，交易相对人善意之客体范围上保护过宽。

意取得的心素仅及于所有权，在商法中，交易相对人不知道让与人没有处分权的，其善意同样予以保护；在商业往来中，持续性的交易关联也得产生信赖，从而有信赖责任（例如对商人确认函的沉默规则）之适用。

（3）商事交易法领域的便捷与快速结算原则。商业活动的营利性特征使商事交易需以便捷、快速的方式结算，以便资金与商品迅速进入下一个流通环节，从而继续实现营利之商业目的。就此而言，该原则亦可在很大程度上基于事物之本质而总结出。不过，事物之本质在此仅构成实证法诫命（原则与规则）与社会经济事实层面的中间环节，因此，仍需将该本质基础上的诫命予以明确表达，以对我国契约法中一再出现的"及时""合理期限""交易习惯"等不确定性概念的解释作出指引。

（4）商事组织法领域受限的私法自治原则。人们通常认为，在整个商法领域，私法自治原则不仅应当得到贯彻，甚至还应当以更为彻底的方式予以实现。然而，在商事团体法领域内，如第一章第四节已有论述，私法自治也有可能沦为一种工具意义上的法律原则，因而时常具有被限制的可能。❶ 就商事团体在股东层面的内部治理而言，此处首先应予区分的是商事组织契约的成立阶段和履行阶段。前者涉及法律主体是否进入某一组织契约的问题，因此充分之磋商行为仍有可能，而契约自由原则的贯彻并无

---

❶ 私法自治与司法干预之紧张关系，在司法实践及学理讨论中引发争议，典型如对于经过相关决议之后的关联交易之司法介入，对于公司盈余分配之干涉。对此可参见宋晓明：《二十年来公司诉讼司法的有关情况——在纪念〈公司法〉颁布 20 周年研讨会上的讲话》，载最高人民法院民事审判第二庭编：《商事审判指导》（总第 35 辑），人民法院出版社 2014 年版，第 15 页。梁上上：《论股东强制盈余分配请求权——兼评"河南思维自动化设备有限公司与胡克盈余分配纠纷案"》，载《现代法学》2015 年第 2 期，第 67 页以下。

障碍。而组织契约恰属于持续性的不完整契约，其在一开始不可能就所有问题予以规制，则在契约履行阶段，司法之介入与救济对于置身其中的团体成员而言，就显其意义。❶ 凡此在商事团体法中契约自治之限定，一方面构成商事组织法上法律续造之重要取向，另一方面也迫使吾人就组织法的方法论或思想基础作不同于民事法律的思考与检讨。对此，后文仍将展开。

　　至此，商事交易法领域及商事组织法领域重要之技术性原则，已基本得到阐发。在此之外，有关商事登记、商号法之规定，则在很大程度上都是为襄助商事交易之有序展开而设立，依循功能主义之进路，而本身并不依托于内在之技术性原则体系。因此，对于该交易法基础部分之规范，在此不就其原则问题作进一步论述。

　　（三）国家–社会关系基础上法律技术性原则的差异性

　　综合前述商法上原则（包括技术性原则）的论述，在此可以就商法原则的体系结构作一小结。商法上的原则，依其来源，略可分为三部分：其一，商法自身所特有的技术性原则，构成商事立法的立法性原则，因此在其具体落实上具有极大的法政策考量空间；其二，来自一般私法的行为规范性法律原则，如公序良俗、诚实信用，它们在特别法中因应特别之社会情势而予以重现，本质上并未对商法带来新的知识增量；其三，源于一般私法的立法规范性法律原则，如私法自治。诚然，行为规范性质的法律原则也有指导立法的意义，但是它真正能对商法产生作用是因

---

❶　我国公司法学界一向主张公司自治，近年始有学者开始主张"公司正义"，作为约束公司自治并正当化司法介入的重要公司法原则。参见梁上上：《论公司正义》，载《现代法学》2017 年第 1 期，第 56 页以下。

为商事往来与民事往来就事实层面的结构而言是相同的，差异仅仅存在于个别要素和法律效果之上。因此，作用于法律上的行为的法律原则作为强行法，同样能够介入商法之中。不过，以行为规范性质为主的法律原则不同于以立法规范性质为主的法律原则，前者存在的价值对于法体系而言在于其形式性，而非其法律上的后果，因此只在具体内容的形塑上有进一步分析的余地。然而，正是这种法律原则的多样性使得我们对民法与商法原则的研究无法继续深入，因此，有必要抛开前一层面对民法与商法上都具有同质性的原则——因为相同的法律原则在不同的事实与法律情势下展开而具有的差异性本属原则具体化之后呈现多样性的应有之义——而仅就以立法规范性质为主的法律原则予以分析，这样我们就会发现，商法中的技术性原则与民法存在程度上的差异，仅仅是商法原则的一个面向，更为重要的一个面向在于，两个法律部门中法律原则的具体衍生构造是不同的。

这种差异的形成，从法律制定的根本原因看，在于国家与社会关系展开上的不同。在对民法的立场上，无论其法秩序的形成系因自发，抑或法制继受，国家并不对市民社会的法秩序内部设定任何外在的目的，而以其自治为最终追求。❶民法的总体无目的性是以承认私主体的多元目的性为前提的，对其多元的目的予以承认就需要维持其在法秩序内能够通过法律行为实现私法自治，免于他治。换言之，"限制自由的理由来自自由原则本身"❷。

---

❶ 此外，当前所兴起的消费者保护运动是具有弱者保护的内在目的的，但是消费者保护相对于作为一般私法的民法而言，在体系上已经属于特别私法——消费者群体的普遍性并不能等同于一般私法主体的广泛性。因此作为特别私法，消费者契约法即便身处民法典之中，其规范在法体系中的地位依然不同于具有备位地位的一般私法规范。

❷ ［美］约翰·罗尔斯：《正义论》，何怀宏、何包钢、廖申白译，中国社会科学出版1988年版，第233页。

因此，民法制度的铺陈，其最终目的就在于回归市民阶层的自治与自我负责。在契约等双方法律关系中，意思表示错误制度的目的首先在于维持表意人的自治，对自治的实现所造成的对相对人的他治则通过损害赔偿制度来加以弥补；在双方都不处于自治的状态时，则通过风险分配规则及归责原则来划定交易上与行为上的风险归属。

与民法的无目的性形成对比的是商法自始就具备目的性——这种目的性是大量特别私法产生的根源之一，它与民法的无目的性产生冲突，并由此形成了它在体系上相对独立的地位。从法典的外在表现来看，现代风险社会中所产生的区别于一般民法的各种独特的目的也正是解法典化的重要成因——否则大可将商事往来的诸多规范诉诸一般私法的框架之内。在商法制度存在总体制度目的的情况下，商法领域的技术性原则就可以通过自治与他治的博弈而得到解释及具体化。一方面，去中心化的经济决策制度决定了自治依然将作为商法的基础，由此解决市场参与主体最佳利益判断的问题。这一意义上的自治当然也包括免于他治的要求，但同时也在一般私法的基础上基于商事主体的特殊性和商事制度的效率要求而提出了对主体更高的自我负责要求，由此使得法律上的保护规定不再重要。然而另一方面，以存在商事制度目的这一法律上的利益为限，一定程度的他治也在商法中得到认可。例如，对商人确认函的沉默（Schweigen auf kaufmännliches Bestätigungsschreiben）具有承诺的效力，从构成要件上看，这一规则的法律基础固然包含了法律外观责任的因素，但先前的缔约磋商行为引起的法律外观尚不足科商人以毫无迟延地提出异议的义务。显然，除外观责任之外，商人确认函的沉默效力无疑还有满足商业往来的清晰性要求的考量❶，即通过外在的商业往来要求在一定程度上认可了他治的存在。此种他治效果还可以从接收者对商事确认函的内容错误中得到进一步明确，与民法上的错误制度形成区别的是，依照商事法上的通说，接收者针对商事确认函的内容错误不适用民法中关于意思表示错误制度（尤其是撤销权）的规定，因为"这一结论（不适用《德国民法典》第 119 第 1 款条关于错误的规定）出于确认函的目的，即减轻事后证明责任、明确契约内容。当确认函相对于口头或者非口头的约定存在偏差时，契约的内容其实正需要通过确认函来进行确认。如果在这种情形下承认撤销权，则与前述原则相冲突。质言之，接收者有义务谨慎地阅读、确认确认函的内容，并查明其内容是否与所约定的相一致。如果他对此发生错误或者对确认函理解错误，则是他自己的责任。此时，确认函发送者的信赖保护是优先的，因为他以此为出发点，即接收者将会谨慎地检查确认函"❷。

就意思表示而言，民法上的错误与商法上的错误在事实层面是同一的，在商人确认函的问题上，相对人的信赖在事实状态上也是同一的，之所以在法律效果上存在信赖的差异，则根本上恰源于商法对商人确认函的特殊制度安排。换言之，是法律制度的特别设计引起了商人确认函发送者特殊的信赖，而非存在先验的必然性。毕竟在针对信赖责任的问题上，赋予表意人因内容错误而产生的撤销权，并以信赖利益为限对相对人承担损害赔偿责任同样是一种可行的法律安排。换言之，商法对此作了更为激进的安排，本质上并不取决于内在的必要性，而在于外在的目的性。

这种总体制度利益的存在使得商法技术性原则的结构不同

---

❶　Vgl. Brox/Henssler, Handelsrecht, 22. Aufl., 2016, Rn. 295ff.

❷　Brox/Henssler, Handelsrecht, 22. Aufl., 2016, Rn. 306ff.

于民法。由于不存在外在目标，所有私法自治作为民法的立法原则就取代了这种外在的目标性，成为民法体系的内在价值，由此构成民法内在体系的核心，而其他立法规范性质的法律原则从根本上来说是为了达成实质上的私法自治。例如等价原则（Äquivalenzprinzip）通过给付与对待给付之间主观上的对等性而实现，其实就是强调通过当事人的均势（Gegengewichtsheit）而在实质上落实契约原则（Vertragsprinzip）[1]，由此观察，等价原则的最终落脚点依然是私法自治。换言之，即便在形式上对私法自治进行限制，其目的也在于落实实质上的私法自治。因此，民法的教义学体系一方面着眼于此种原则的实现，另一方面则需注意在市民社会中展开私法自治的例外的范围。然而在商法中——无论是商事交易法还是商事特别法——则并不存在这样一个作为最终基础的法律原则，私法自治只构成其中一项法的技术性原则。这意味着在商法的视野中，包括私法自治在内的各去中心化法律原则相互结合，从而明确原则之间的边界，并衍生出法的外在体系。

（四）交易法领域商法技术性原则之间的冲突、补充与协力

就商法上的技术性原则而言，为厘清原则之间相互结合、衍生的形态可能，首先应当就有偿性原则予以讨论。商事法律关系的有偿性其实是以法律行为性质的商业往来的事实观察为基础而形成的大概率总结，因此它本质上就如同商事习惯一样，辅助于法律行为的解释，于有疑义时进行有偿的推定。因此，它原则上

---

[1]　Vgl. Horst Bartholomeyczik, Äquivalenzprinzip, Waffengleichheit und Gegengewichtsprinzip in der modernen Rechtsentwicklung, AcP 1966（166），30.

就不存在与其他法律原则发生冲突的可能。例如，当法律行为明确以无偿性（如对外担保、捐赠）为性质时，有偿性原则并未与私法自治发生真正的原则冲突，而是根本就未能触及此类就其有偿、无偿性质已有明示或者默示之情形。

在民法中，本质上不存在与私法自治相冲突的法律原则，对私法自治所作的形式上的限制不同于实质上的限制，就此而言，私法自治原则在民法中存在技术性矫正。然而在商法中，除有偿性原则之外，技术性法律原则之间相互冲突是一种常态，此时，私法自治原则在商法中就存在真正的限制，而非仅仅矫正。例如，在商事往来中，应收账款及其他债权的买卖乃极为常见的商业活动❶，因为债权人得以此迅速回流资本并规避债务人的违约风险，大量以债务催收为主营业务的公司也由此产生。可见，在商业往来中，债权人对债权作为财产权而应享有的可让与性较之于债权人与债务人之间的人身关系具有更为值得保护的利益。❷ 因此，在债权让与的有效性问题上，商法对当事人所达成的债权让与禁止约定的立场就应当因应商业交易的需求，从而作出与民法有差异的回应。❸我国原《合同法》第79条第1款第2项规定，当事人之间约定不得让与的债权不得让与，虽从解释上观察，法定让与禁止（该条第3项）与约定让与禁止在效力上存在差异，但是该条规定仍未就商事往来中约定让与禁止的无效性作出规定，从而将产生影响商业往来中债权让与自由性之虞，因此该条于法律适用过程中有进行目的性限缩之必要。否则，商业往来围

---

❶　参见杨明刚：《合同转让论》，中国人民大学出版社2006年版，第39—40页。
❷　参见庄加园：《〈合同法〉第79条（债权让与）评注》，载《法学家》2017年第3期，第157—174页。
❸　例如，《德国商法典》第354a条与《德国民法典》第406条以下，唯债权让与禁止的无效性应否限于金钱债权，则仍可进一步探讨。

于现行法文义之规定，必将催生为规避此类法律上之禁令而形成的债权权能的部分让与（如债权催收之委托）之交易结构，从而徒增额外的交易成本。如果我们认可这一推论的妥当性，则可以发现，虽然在商法中，私法自治依然扮演着最重要的角色，但以保障商法高速结算的制度利益为限，它的作用范围却受到了限制。从外在表现上看，作为一种真正的原则冲突，对私法自治的实质限制必将以强行法的形式实现。对此作一观察就可以发现，虽然任意性规范依然居于主导地位——这对应着居于基础地位的私法自治——但是强制性规范依然常常可见。

　　当然，商法技术性原则之间的碰撞并不必然以冲突这种强作用形式出现，还有可能以一种弱作用形式即辅助性的补充形态出现。例如，在某一法律原则的解释与作用力式微的情况下，另一法律原则可能恰好能起到填补作用。对商事契约作合乎商事往来的解释仅仅涉及商法技术性原则的一个面向，例如快速结算的原则就对商人的检查异议义务提出了高于民法的要求；商法技术性原则的意义更在于对大量存在的民商合一的法律规范作区分理解。

　　原《最高人民法院关于适用〈中华人民共和国合同法〉若干问题的解释（二）》[以下简称"《合同法司法解释（二）》"]第24条规定："当事人对合同法第九十六条、第九十九条规定的合同解除或者债务抵销虽有异议，但在约定的异议期限届满后才提出异议并向人民法院起诉的，人民法院不予支持；当事人没有约定异议期间，在解除合同或者债务抵销通知到达之日起三个月以后才向人民法院起诉的，人民法院不予支持。"对商事往来而言，解约一方或者主动抵销一方主张解除合同或者抵销之后，相对人依约定或者法定期限提出异议的规定可以促使合同关系及时得到清算或者明确化，因此即便是解约一方事实上欠缺解除权，或者主动债权已经罹于时效而使相对人得主张时效抗辩权，以其行使解除权不违反诚实信用原则为限，亦得于相对人未按时异议之时终局地发生解除或抵销的效果。然而对于民事往来而言，解约一方或者主动抵销一方如果仅仅形式性地依照《民法典》第 565 条和第 568 条（原《合同法》第 94 条和第 99 条）进行合同解除和债务抵销，即便相对人未在法定期限或者约定期限内为异议之诉，是否同样发生解除或抵销的效果，就不无疑问。目前，我国理论与司法实务上对此同样存在分歧，在不区分民事案件与商事案件的基础上，其中一部分观点主张形式性地满足《民法典》第 565 条和第 568 条的要件即可于相对人未及时进行异议时发生解除或抵销的效果，相反见解则认为解除权人和抵销权人需满足前述两条的实质条件才可以适用《合同法司法解释（二）》第 24 条有关异议期限的规定。❶ 对此，唯一存有共识的是法院需就解除权人或者抵销权人是否依照《民法典》第 565 条和第 568 条行使解除权或者抵销权进行形式审查，即考察解除行为是否基于《民法典》中相应款项而为。分歧的本质在于，如果法院仅仅从事形式审查，即一旦异议期限经过，就终局地发生解除或者抵销的效力，则其立法意旨乃在于尽快结束合同效力不确定和不稳定的状态，并为此加重了异议权人的义务；若从事实质审查，则注重通

---

❶ 赞同前一种见解者如邢晓鹏、马晓瀛、尹春海等：《不动产租赁合同解除权及异议权的行使与限制》，载《人民司法（案例）》2016 年第 14 期，第 56 页以下。在司法实践中，该观点为河南、海南等地法院所认同。后一种见解参见陈龙业、宋韦韦：《合同解除异议权制度适用中的争议问题探讨》，载《人民司法（应用）》2014 年第 15 期，第 34 页以下。该观点为上海、江苏、福建等地法院所采纳。主张两者以民事审判和商事审判加以区分者，参见俞秋玮、贺幸：《商事裁判理念对审判实践影响之探析》，载最高人民法院民事审判第二庭编：《商事审判指导》（总第 35 辑），人民法院出版社 2014 年版，第 149 页。

过维持契约的效力以保护交易安全，相比形式审查，它削弱了异议的法律意义，但无疑更加符合契约原则，因此也更保障私法自治。关键就在于，对于民事法律关系而言，加重异议权人的义务，为追求交易的速度而牺牲私法自治是否具有法律原则层面上的正当性？显然，通过形式审查加重交易相对人的义务，从而实现交易的速度，无论是从主体特性还是从制度目的角度看，都只有在商事交易法的语境中才能得到正当化。因此，当前司法实践中对此因一体把握而产生的观念对立可以通过民、商区分的立场来得到解释和化解。

从法律与司法解释的关系角度讲，《民法典》第 565 条和第 568 条并未就异议或者异议的期限作出明确规定，其合理性是应当得到认可的。就抵销而言，如果并未发生抵销适状的情势，则不发生抵销的效果，主动债务的债权人依然可以继续要求对方清偿。如果对此设定异议及异议期限，并规定逾期未进行异议则发生抵销的效果，这在逻辑上难以立足。如果在商事往来中出于快速结算的目的而突破此种构造尚可接受，但在民事往来中，则完全欠缺为实现特定利益而违反法律逻辑的正当性基础。在解除权的异议问题上，制定法对异议期限的沉默恰可以为司法实践以民、商区分为正当性理由续造此种期限提供契机，例如在民事往来中，类推其他类似除斥期间的期限规定以限制异议权的无限制行使。但是原《合同法司法解释（二）》第 24 条在形式上规定了统一的异议期间，由此便阻碍了前一层面上进行法的续造的可能，而只能进一步就原《合同法司法解释（二）》第 24 条本身再作类型区分，增加了论证的难度。

一般私法的法律原则与商法的技术性原则同样可以相互协作、共同构成法规范的思想基础的形态出现。

　　例如，在私法领域，基于契约自治的原则，违约金的调整原本属于当事人自行进行风险评估的范畴，不应当通过法官进行事后的内容控制。就此而言，《德国民法典》第 343 条关于不合比例地高于实际损害的违约金可以应债务人的申请予以下调的规则被认为是"民法典体系中的杂质"❶（Fremdkörper）而应当限制适用，并不能据此推导出一般性地允许司法调整相应契约的内容的结论。德国立法例外干预的正当性在于，在完成违约金迫使履约的施压功能与替代损害赔偿额的简便计算功能的基础上，对债务人进行特别保护。因此，逻辑上完全能够成立的便是，在商法领域，这种特别保护不仅不必要，而且势必阻碍契约关系的及时清理。因此，快速结算的原则通过抵销特别保护的需求，与私法自治在商法领域实现了协作。当然，如前所述，一般私法中针对民事行为的法律原则对于民、商法均发生作用，因此，如果违约金不合比例达到债权人得借此获取暴利的程度，进而违反诚实信用原则时，则其违约金的约款无论是在民事法律关系之中还是在商事法律关系之中，均应当据此加以调整。❷

　　我国现有民法中有关违约金的规定，则较之德国私法复杂得多。《民法典》第 585 条第 2 款第 1 分句（同原《合同法》第 114 条第 2 款第 1 分句）"约定的违约金低于造成的损失的，当事人可以请求人民法院或者仲裁机构予以增加"，就此而言，违约金约款就不具备任何法律上的特别功能。因此有关上调的规定就显得不必要，因为在违约并支付违约金的情况下，债权人依然可以继续主张损害赔偿以填补损害。依前款第 2 分句及原《合同法司法解释（二）》第 29 条第 2 款的规定，违约金不低于实

---

❶　Staudinger/Volker Rieble，§ 343，2004，Rn. 9.

❷　该结论也为德国私法理论所认同。Vgl. Staudinger/Volker Rieble，§ 343，2004，Rn. 37.

际损害并且不高于实际损害 30% 的，才具有损害赔偿额的预定
（Schadensersatzpauschale）功能，从而免去守约方就损害的发生
及范围进行举证的责任；若违约金高于实际损害超过 30%，则
仍面临下调的问题。以超过实际损害的 30% 作为下调标准的规
定存在两种可能的法理基础：其一，违约金过高而导致债权人能
因此获得暴利，因此基于诚实信用原则进行下调；其二，在超
过 30% 至违反诚实信用原则部分，完全出于司法政策上的理由
而作以清晰规定，以统一裁判，而这种考量恰是出于体系外的因
素，从法的内在体系上看，欠缺支撑的价值基础。但是在此基础
上，一种民、商区分的视角仍是必要的：一方面，对于高于 30%
但不违反诚实信用原则的违约金的下调这一保护规范，于商事主
体并无必要，且阻碍商业往来的迅捷性；另一方面，判断暴利行
为的成立，民法和商法应当遵循不同的标准。因此，就我国《民
法典》及相关司法解释中的违约金规定而言，商法上的技术性原
则依然有与私法自治原则相互协力以建构合理的违约金制度的
可能。

　　如前所述，一般私法以私法自治为基本原则，而其他法律
原则基本上都围绕实现私法自治而展开。因此，对于私法领域普
遍存在的信赖责任（Vertrauenshaftung），首先可以就其与私法自
治的关系做一重构，将有所裨益于信赖责任在民法与商法中的
具体展开取向的探讨。在民法领域，当我们将观察的视角置于表
意人或者有某种引起法律外观的行为人一方时，私法自治强调的
是按照该表意人或行为人的主观意思来建构法律关系。然而，就
私法上之往来而言，民事主体莫不处于此种相对性的法律关系之
中，因此对于处于平等互换性的民事主体而言，不仅此方具有私
法自治之资格，作为相对人的另一方也同样享有此种自我决定的

自由。后者的自我决定会结合前者的表示及行为，即以其主体性理解包括对方当事人的表意或行为在内的构成主观理解之全体情势。由此观之，所谓信赖责任，乃是法律往来中另一方的私法自治。由于双方都具有意思自治的自由，因此制定法及学说的任务就不在于仅仅抵销此种相互的私法自治，并对所发生的民事上的纠纷保持缄默，而毋宁需要在双方的私法自治中以责任根据（Haftungsgrund）及归责（Zurechnung）要素为媒介进行价值判断。❶由此，对于信赖责任具体化的本质任务，就落在了对此种媒介的选择和评判上。

如学者所说："在采取积极信赖保护方式的权利外观责任中，相对人存在合理信赖构成了责任根据。"❷这本质上即强调相对人以对方的权利外观和意思表示为基础而作出自己的意思表示的自由，因此，关键仍在于对归责原则的选取。对此，诱因原则被认为是结果责任的一种残留，本身不具有归责上的独立判断价值❸，因此只能考察其他归责原则。

以表见代理为例，在被代理人向相对人发出授权表示或者发出授权通知或公告，而实际上代理人没有代理权，或者对外之代理权超越实际之授权范围，或者代理权嗣后消灭（如撤回）的情况下，相对人对于代理人之代理权限及其存续能够产生当然之

---

❶ 信赖责任的原初例证便是善意取得。在善意取得中，我国《民法典》第311条和第312条，对占有委托物和占有脱离物在信赖保护上存在差异，需要考察原所有权人的可归责性。学者认为，表见代理与善意取得具有评价上的一致性，因此对于表见代理，同样应当考察被代理人的可归责性。参见朱虎：《表见代理中的被代理人可归责性》，载《法学研究》2017年第2期，第62页。该见解殊值赞同。

❷ 朱虎：《表见代理中的被代理人可归责性》，载《法学研究》2017年2期，第65页。

❸ Vgl. Claus-Wilhelm Canaris, Die Vertrauenshaftung im deutschen Privatrecht, 1971, S. 470ff.；朱虎：《表见代理中的被代理人可归责性》，载《法学研究》2017年第2期，第58—74页。

信赖。此种信赖在结果上可以强化到契约的达成及后续履行请求权的发生，这是因为被代理人怠于在代理权不存在或者消灭时为通知，从而该不作为行为在自我负责的意义上可以归责于该被代理人自身，并产生相应的法律后果❶；否则其嗣后主张代理权自始不存在或消灭，还有违反"自相矛盾"（venire contra factum proprium），从而违反诚实信用原则之嫌疑❷。对于这一类表见代理，由于法律效果直接来源于可归责的个人不作为行为，因此，无论是在民法还是在商法中，都有成立表见代理从而最大限度保护交易相对人的可能。

然而，较为困难的是狭义表见代理（Anscheinsvollmacht）的情形。此时，被代理人并未对外作出授权表示，也不知道代理人的代理行为，因此并不存在"容忍"这种行为的问题；但是被代理人若小心谨慎，对代理人进行必要的监督，他便可以且应该能注意到该行为，并且第三人基于此而认为被代理人知道并容忍代理行为。❸按照学界最新的见解，在涉及代理权外管证明的委托、保管、出借等情形时，应当参照善意取得制度中的引致（Veranlassung，或译作"诱因"）要件，对无权代理人的代理行为承担风险。❹不过，善意取得的正当性不仅在于引致，因为仅有

---

❶　Vgl. auch Karl Larenz, Lehrbuch des Schuldrechts: Allgemeiner Teil, 10. Aufl., 1970, § 13 I a.

❷　这种法律后果还可以比照意思表示错误的规则予以强化。在意思表示的错误规则中，通过撤销权的行使，表意人得撤销其意思表示，从而仅仅负担以信赖责任为限的损害赔偿责任；而如果在除斥期间届满之前未为撤销之意思表示，则法律行为仍将确定地生效，并产生后续的履行请求权。在此处有关表见代理权的案型中，被代理人未为代理权不存在或者消灭之通知，则类似于在意思表示错误的情况下表意人未及时为撤销之表示。

❸　参见［德］卡尔·拉伦茨：《德国民法通论》（下册），王晓晔、邵建东、程建英等译，法律出版社 2003 年版，第 893 页。

❹　参见朱虎：《表见代理中的被代理人可归责性》，载《法学研究》2017 年第 2 期，第 58—74 页。

诱发此种风险的行为这一事实尚不足以必然引起所有权人所有权的削弱，依照德国学者黑克、沃尔夫、莱泽尔及茨威格特的见解，善意取得制度着眼于交易的安全和便捷的一般利益（allgemeine Interesse an der Sicherheit und Leichtigkeit des Verkehrs）。❶它与表见代理制度在原权利人及被代理人的可责性上的确是相似的，但是这未必意味着它们在法律后果上也应当相似。事实上，有时候我们恰是在预设了法律后果上的相似性之后，再通过风险归责原则去揭示他们在可责性上所具有的同一性——然而从民法与商法外在目的的差异性来看，如果欠缺明确的法政策说明，对于是否以促进交易安全与便捷为目的而倾向于认定成立表见代理则仍是值得商榷的。如果在民事法律领域欠缺此种交易法上的特别目的，则虽然通过其引致行为开启了代理人为各种机会主义行为的风险，则即便人们希望被代理人对此承担义务，使之监督该"表见代理人"，则以缔约过失制度追究其不超过相对人信赖利益的损害赔偿责任亦非不可。❷而在商事交易法领域，由于存在促成交易的制度目的，因此，成立基于权利外观的表见代理才属允当及必要，而此时，因风险之引致或组织风险而证立被代理人的可归责性才具有价值上的正确性。

换言之，由于信赖责任本质上仅涉及交易相对人的私法自

---

❶ 参见［德］鲍尔、施蒂尔纳：《德国物权法》，申卫星、王洪亮译，法律出版社2006年版，第398页。

❷ 参见［德］卡尔·拉伦茨：《德国民法通论》（下册），王晓晔、邵建东、程建英等译，法律出版社2003年版，第893页；Medicus, Allgemeiner Teil des BGB, 1985, § 58 I; Canaris, Bewegliches System und Vertrauensschutz im rechtsgeschäftlichen Verkehr, in: Bydlinski/Krejci/Schilcher/Steininger（Hrsg.）, Das Bewegliche System im gelenden und künftigen Recht, S. 111。认为在民法中同样成立表见代理，因为被代理人也应当承担履行责任的见解参见Hübner, Allgemeiner Teil des bürgerlichen Gesetzbuchs, 1985, § 47 A Ⅶ 4。

治，因此，在两种相互难以通约、抵销的私法自治的对抗中，一种可能是引入被代理人或者表意人的可归责性，还有一种可能则是引入第三种法律原则以证成对交易相对人保护的必要性。

对于前者而言，出于对此方的私法自治的保护，首先应当考虑意思主义原则，而且是一种诚实信用原则基础上的意思主义。例如，在广义的表见代理情形中，被代理人存在对外授权或者引起法律外观的容忍行为，则其基于其自身意思之作为与不作为就构成了具有社会意义之行为，从而引起法律上的后果。在此，被代理人的对外授权通知或者容忍行为势必依法律之规定而产生法律效果，因此可以构成准法律行为。[1]但此时通常并不存在意思表示意义上的瑕疵：第一，如果表意人对于表示的事项内心保留了不希望法律上相应效果发生的意思，则仅仅构成内心真意保留（geheimer Vorbehalt），其对外作出的表示并不因其保留而无效——除非相对人知道该保留。第二，表意人在此还可能涉及在法律评价上一般而言不太重要的动机错误问题，例如，被代理人认为单纯的容忍并不会引发表见代理的后果。但此时被代理人涉及的并非表示错误（直接的法律后果错误），而是对其行为的作为意思决策基础的法律后果产生了不正确的设想，但在内心意思（打算容忍）与外在表示（实施容忍）上保持了一致，从而仅构成纯粹的动机错误，而不产生其准意思表示的瑕疵的问题。与此不同的是，依照此种意思主义，在真正涉及意思表示错误的

---

[1]　需进一步说明的是，虽然在通常情况下纯粹的不作为（或者沉默）并不能够作为意思表示而发生效力，但是在特定的情形中，沉默恰意味着他想要使某种法律后果发生效力。参见［德］卡尔·拉伦茨：《德国民法通论》（下册），王晓晔、邵建东、程建英等译，法律出版社 2003 年版，第 485 页。被代理人对无权代理人代理行为的容忍，即构成此种特殊情形下具有发生法律效果的准法律行为。

情况下，通常面临着意思表示的撤销问题以及对相对人以信赖利益为限进行损害赔偿的法律后果，而非单纯依照表示成立法律行为。

过错原则在此并不能作为一种适当的建构信赖责任的归责原则。对于过失的判断常常涉及具体情况下是否违反注意义务的个别判断，这就决定了这种增加不确定性的归责原则在取向与结构上就与追求交易安全的信赖责任原则存在冲突。❶ 而且，对于契约之因信赖而成立，立法上的价值判断并非仅在表意人（及被代理人）与信赖其表示或外观之人之间做加减法，存在可责性及保护交易相对人，所以作为伦理性法律原则的过错责任原则能够证成表意人及引起法律外观之人一定范围内的损害赔偿责任，却无从由此而证立使之承担契约成立的法律后果的正当性。在意思表示错误而撤销的情形中，表意人内心与表示的不一致有时候乃因其过失行为而导致，此时表意人在主观上未尽交易上必要之注意至为明显，然而我国现有立法并未直接科之以依表示成立契约之责任。

对此，将对信赖的保护及其保护程度寄望于风险原则也是不妥当的。诚然，风险归责原则所从事的对法律往来所赖以存在的具体情势予以综合考量，使得对被代理人或者表意人可责性的证立提供了更为多样的来源。然而，除了前述基于表意人或被代理人的行为自我负责原则，对其所从事的所有可归责性论证活动只能证成他承受法律后果上一定的不利益的正当性，并不能就其应当承受之不利益之程度予以说明。拉伦茨教授在其民法总论教科书中曾经举过这样一个例子："写信人的妻子或某个职员在清理

---

❶　Vgl. Claus-Wilhelm Canaris, Die Vertrauenshaftung im deutschen Privatrecht, 1971, S. 476ff.

桌子时发现了这封信，她以为写信人是因为疏忽大意而没有把信寄出去，因此主动将信送到邮局寄出。"❶ 在此情况下，从风险归责的角度讲，意思表示被发出的风险显然归属于写信人一方，因为人们通常有理由信赖写信人对其家庭成员或者组织成员的直接影响。然而，在存在交易相对人信赖这一责任根据，同时成立所谓的风险归责的情况下，是否应认定契约经过承诺而达成从而使双方当事人产生履行请求权？对此，拉伦茨教授认为，此时写信人并没有发出意思表示，如果受领人信赖了意思表示的有效性，则应当准用《德国民法典》第 122 条之规定，给受领人以一项请求赔偿其信赖损害的权利。❷

因此，对于不存在特定目的的民事法律而言，以过错或风险作为归责原则，或者根本不适合于证成信赖原则基础上的契约责任，或者无法作为被代理人或者表意人承担契约责任的充分条件而出现。在欠缺外在的制度目的或者法律原则的前提下，固然应当对相对人的信赖予以保护，但是原则上仅能就其信赖利益为限得到保护，除非引起信赖之人存在应自我负责之行为。

在商法上，通过提高信赖责任，使得引起信赖之人承担契约责任，由此在因法律外观而引起的法律后果中，信赖者完全处于其所面临的法律外观与法律事实一致的情形中。❸ 这固然需要以存在可责性为前提，但是，主张成立契约却并不是任何一种除

---

❶ ［德］卡尔·拉伦茨：《德国民法通论》（下册），王晓晔、邵建东、程建英等译，法律出版社 2003 年版，第 571 页。

❷ 参见［德］卡尔·拉伦茨：《德国民法通论》（下册），王晓晔、邵建东、程建英等译，法律出版社 2003 年版，第 571—572 页。

❸ Vgl. Canaris, Bewegliches System und Vertrauensschutz im rechtsgeschäftlichen Verkehr, in: Bydlinski/Krejci/Schilcher/Steininger（Hrsg.）, Das Bewegliches System im gelenden und künftigen Recht, 1985, S. 108.

意思主义行为责任之外的归责理论（如风险归责原则）所能解决的。如本书一再强调，信赖责任其实是私法自治在主体更换之后的对应物，以违反引起信赖之人的意愿而通过法律的规定成立契约，使信赖者得以主张履行请求权，事实上涉及的是引起信赖之人在私法上的"特别牺牲"。

这种引起法律外观的表意人或被代理人承受的私法上的"特别牺牲"需要通过商事制度的目的性得到合理化。与民法及民事主体不同的是，无论是商法还是商事主体，都自始至终承载着经济目的，即以快速结算为要求，促成商业交易的达成。为此，在商法中强调更高的信赖责任原则，其基础在于商事制度目的之下对交易安全与便捷的特别追求。据此，在德国商法理论中，对商业确认函的沉默也被认为是一种意思表示行为，签发人对此产生信任，并因而能够产生最终的法律拘束力。❶ 当然，商法有时候也通过手段性质的法律制度来间接实现其对商业往来的促进要求。对此，尤以具有公信力的商事登记制度为其著例。在这一制度中，对于法律规定能够产生信赖的事项，法律建构的逻辑起点在于以交易相对人的善意为限，以国家公权力的背书为基础，拟制商事登记簿的登记事项在法律上的正确性，交易相对人因此可以当然地信赖登记簿上所记载的内容，并据此按其意思表示形成法律关系。❷

---

❶ 参见［德］卡尔·拉伦茨：《德国民法通论》（下册），王晓晔、邵建东、程建英等译，法律出版社 2003 年版，第 905 页。

❷ 促成交易安全的法律基础可以是促成交易的广泛达成，也可能在于避免交易相对人因巨大之交易风险而蒙受不利益（例如标的物数额巨大），即在法律规范自身之外不存在其他法律基础。因此，对于民法中的不动产登记簿而言，虽然不存在对交易的促成这一法政策考量，但是因交易的标的物数额往往巨大而不得不对此加以介入，以解决交易双方信息不对称的问题。而对于动产的善意取得，则只能解释为是立法者的法政策考量。

由此我们基本厘清了商法中的技术性法律原则与民法原则的差异与关系，并对特殊目的指引下的技术性法律原则进行了展开讨论。不过，对于经常发生的商事纠纷而言，还有一大部分商事法律关系基于商事特别法而产生，对此仍应作相应的论述。❶ 对于商事团体法的法律原则以及理解进路问题，笔者将在下一章予以解决，此处暂时不作展开。

（五）商法技术性法律原则的法律续造意义

对于商法的法律续造而言，商法的技术性法律原则究竟意味着什么，关涉原则与法秩序的基本关系。如果遵循既有的法学方法论理论的话，对于一项并未完全为立法者纳入规整的法律问题，显然并不能直接通过对法律原则的适用予以解决。这是因为：一方面，在部门法秩序（如商法）中，技术性原则本质上是商法制定法及学说所构成的法秩序的内在组成部分，而非先于实证法秩序的价值产物。因此，商法的技术性原则并不能脱离整个商法的体系而独立存在——在不同的商法秩序中，即便相同的技术性原则得到共同认可，它们具体化的形态也必然要结合其各自所在的法秩序而呈现不同的面貌。如果对原则的事实上的"适用"没有建立在既有的法秩序的关联脉络之上，则法的内在体系与外在体系的一贯性将无法得到保障。商法学并不是朝着教义学化——一种以稳定、无评价矛盾为依归的体系化规整——的方向

---

❶ 例如，就公司法而言，有的学者将与公司有关的契约关系总体上区分为外部关系契约（通过一般交易法予以规制）和内部关系契约（通过公司法予以规制），盖属允当。参见蒋大兴：《公司法中的合同空间——从契约法到组织法的逻辑》，载《法学》2017年第4期，第138—139页。后者基本上涉及的是商事特别法上的法律关系，法律评价的结构与交易法存在明显差别，法律原则也就不存在通用的可能性。

在发展，而是朝着一种时刻处于不稳定状态之下的论题学思维在发展。另一方面，商法的技术性原则需要在与其他法律原则的相互限制、协力或配合之下才能展现其轮廓，如果逾越承载着各种原则相互碰撞与协调的成果的体系的价值判断，而直接就原则为法律适用，则其论证不过为一种修辞而已。如果将此种作业视为一种法制建构的理念，则它势必时刻构成法治国的威胁。

在一个特定的商法秩序之中，商法的技术性原则仅仅是商法秩序描述的一种"残片"，对于这些原则的完整阐述，仍然需要大量的案件决疑来加以填充；而就法律发展的动态过程来看，商法的技术性法律原则以开放的结构为接纳法律外的知识提供了可能，并通过其价值取向为法律外知识的内化提供了方向。当然，对于一个以制定法为中心的法律制度而言，商法的体系发展首先应当发轫于法律类推。一方面，对于民商合一的立法而言，某一项属于一般私法领域的法律制度若不适合于该当商事案件，则属于特别法阙如的状态，此时即需要对该当新出现的商事案件类型类推适用相类似的特别法法律规范。此时固然也包含着目的性限缩的成分，然而目的性限缩仅能表达对该一般私法规范不予以适用的意涵，并不能就该当个案应依何种规范予以评价作出说明。另一方面，当法秩序中尚不存在对新的商事案件的评价时，则同样需要借助类推技术——包括对法的价值评价的类推和对具体制度中利益取舍的类推——以实现对该当个案的评价。就后一层面而言，对价值的类推就体现了对商法的技术性原则的具体化过程，基于事理上的当然性而抽取出的"事物的本质"，则应当在类推的过程中予以考量。换言之，对于商法秩序的发展而言，技术性法律原则并非唯一的尺度，真正的尺度仅存在于当下的整体法秩序的脉络之中，包括对商业往来中的事实的评价——作为一种法律上的评价行为，对法律事实的评价同样参与到了商法制度的革新之中。唯有在一时性地借助于类推技术而完成该当个案的解决之后，原先处于法律之外的考量与评价才在个案中经受了客观化的法律评价；基于这种客观化，因此也克服了认识论意义上的主体间性，由此一种通过新设法律制度类型的教义学化的过程才真正变得可能。由此我们又重新返回了商法的法源问题——如果否认司法实践的法源创设地位，则我们方法论中的漏洞理论与漏洞填补的法律技术（尤其是类推）就不具有真正的形塑法秩序的意义，而仅仅具有纠纷解决与司法的意义。

因此，对于民商合一的法律规范而言，真正的法律续造工作并非始于法律解释，而是始于对现行秩序意义的事实理解和目的理解所从事的一种受指引的法律发现过程。毕竟，法官乃受拘束于整个商法秩序，而非以原则形态呈现的商法的精神；法官也并非受拘束于抽象的原则表达，而是通过部门法的体系与个案决疑所形成的对原则的承认。从这个意义上来说，对商法的技术性原则之间的关系的初步厘清只是商法内在体系建构的第一步，就像是描绘了商法树状图中的主要枝干及其初步分叉，然而对于进一步的分化与细化，尤其是对于这幅树状图中的枝叶部分，则属于司法实践与学说的持续任务。

第五节 小 结

　　虽然自由法学派早在 20 世纪 30 年代就已经失去了其往日的辉煌，但是它们的思想遗产中有一项却是弥足珍贵的：对立法的百科全书式的信赖是不现实的；制定法应当被看作是法秩序的典型表达，而非法秩序的全部。❶而商法的技术性法律原则恰是实现商法秩序的有机统一化与完整化的弥合工具 ❷——虽然它的客观存在并不取决于制定法的明确表达。换言之，从商法与商业社会的关系角度讲，齐佩利乌斯的见解可谓简约却精准地说明了法律原则的意义："从司法判决中发展出来的一般法律原则深深植根于这样的任务，即公正地解决社会冲突。"❸尤其是对于我国来说，历史主义除了带给我们的私法制度以一种复杂的"层累现象"❹，并未对法秩序提供太多规范内容。抛开历史所形成的实证性的同时必然呼吁今日的私法理论能够以体系思考建立起商法的

---

❶　Vgl. dazu Klaus Riebschläger, Die Freirechtsbewegung, 1968, S. 77ff.; Alf Ross, Theorie der Rechtsquellen: Ein Beitrag zur Theorie des positiven Rechts auf Grundlage dogmengeschichtlicher Untersuchungen, 1929, S. 189ff.

❷　Vgl. Esser, Grundsatz und Norm in der richterlichen Fortbildung des Privatrechts: rechtsvergleichende Beiträge zur Rechtsquellen- und Interpretationslehre, 1990, S. 227ff.

❸　［德］齐佩利乌斯：《法学方法论》，金振豹译，法律出版社 2009 年版，第 15 页。

❹　对此可详见刘颖：《中国民法中的"层累现象"初论——兼议民法典编纂问题》，载《东方法学》2015 年第 2 期，第 37 页以下。

教义学——在这个过程中，商法的技术性原则就承担着为这种体系思考提供框架的作用。

　　而对于大陆法系来说，这些原则之所以能够在发展的司法实践中取得一席之地，是因为先例的权威并非来源于"遵循先例"（*Stare Decisis*）这样的程序性权威，而是来源于判决中对原则的贯彻；而先例对法秩序的塑造力也并非基于法院的权威性，而是其自身所包含的清晰性（Evidenz）以及对公众见解的秉持与承认。❶ 在原则与司法实践构成一个功能统一体的前提下，商法学者对于商法秩序的贡献就在于创造性地整理、去杂、提纯因实践而产生的事实与价值素材。

---

❶　Vgl. Esser, Grundsatz und Norm in der richterlichen Fortbildung des Privatrechts: rechtsvergleichende Beiträge zur Rechtsquellen- und Interpretationslehre, 1990, S. 275ff.

结语 | 民商关系之总述

拉德布鲁赫曾经指出，公法和私法不是实证法上的概念，其均具有先验性（apriorisch），这组概念并非产生于实证法经验，而是约束着实证法的具体展开。[1] 这种区分的先验性的本源就在于不同的事理与逻辑及在此基础上所应形成的不同的理性规则及其体系。与此类似，民法与商法也并非全然实证法上的概念——我国折中式民商合一的立法体例与商法存在的事实也证明了这一点——它们的分野毋宁根本上取决于社会经济层面的实践经验。生活领域的分野在实证法上的投射便体现为私法自罗马法以来所形成的二元格局的局面。各国在立法上无论采纳民商合一还是民商分立的立法体例，商法的存在都是不可否认的普遍价值设定与事实。通过历史与实证法的分析可知，这种区分直到今天依然存在，并且对实证法的法律适用与解释有着基础性的影响。从社会经济的基础出发表达出一种完整的法体系的存在，所涉及的乃是应然层面的法秩序要求。从这个角度讲，民法体系与商法体系的关系论述中所应当强调的并非备位性，而毋宁是本书第二章所主张的私法的二元体系的问题。

当然，从实证法上来讲，以一般法与特别法的视角把握民法与商法在外在体系上的关系，从而强调应然层面民法相对于商

---

[1] Vgl. Gustav Radbruch, Rechtsphilosophie, 2. Aufl., 2003, S. 119ff.

法的备位性，仍然是合理的。所谓民法的"备位性"，指的是当不存在商法的特别规范（包括民、商事共同的规范、商事习惯法及习惯）时，商法依然要穷尽其法体系内部的法律续造，穷尽其"特别之可能"，然后再适用民事规范。这种论述恰恰暗合了私法的二元体系学说。乍思之下，依私法的二元体系理解，民法是否等同于一般私法似乎就成了疑问，因为民法与商法在此成了两个相互独立而规范表达上相互重叠的法秩序（恰如两个存在交叉、重叠的圆）。但民法作为一般私法这一成熟的学术见解无须否认。一方面，从实证法的角度看，民、商共通的规范（两个原形的交叉、重叠部分）首先是在"民法"的概念之下被人们所掌握的，而寄存这些共通规范，恰是法律部门被人们称为一般私法的内在原因。换言之，在有的法域、时代，当商事法律部门垄断了这些共通规范时，我们同样可以破除定见，认商法为一般私法。只不过这样的现象在我们的法秩序中并不存在——从实证法的角度讲，甚至"商法"的概念都有被消弭的趋势。另一方面，一般私法也并未直接指涉其对所有私法领域的案件的直接适用可能性，毋宁有赖于特别法就特别事由进行完备的评价。如果商事案件因为实证法上的缺失以及法律获取上的不完备而适用了一般私法中本质上适合于与此存在价值取舍差异的民事规范，并得出了不当的结论，这并非民法不堪其作为一般私法之重任，而是商法在此前未穷尽其体系内的法律发现与法律续造——而这恰是私法的二元格局所揭示的重要面向。

进而言之，所谓商法乃特别法而非例外法。若为例外法，则其规范群之扩充严格受限。若为特别法，则其有可能对一般法加以补充、变更或者具体化：所谓"补充"，涉及立法者就一般法中未出现因而未予规制之特别情形，作特别之规定以补充私法所规范之生活事实；所谓"变更"，则涉及一般法业已出现之一般情形，立法者于特别法中基于所涉规范的构成要件中局部要素的变更，而作出新的价值判断，并形成新的法律效果；而所谓"具体化"，则涉及立法者就一般法中已出现之事实构成及法律效果，于特别法所涉之情形中，根据特别法之事实形态，就其构成要件予以阐明，但保留与一般法同一之法律效果。此时，倘若商法特别法就某一特定商事案件未作特别规定，则其法律获取仍然应当诉诸商法体系。而这种法体系的认识究竟何以可能，何以展开？本书第三章、第四章本质上所讨论的就是这一问题。

由于私法体系上的二元区分乃基于社会经济事实及其上之理性建构的认识基础，而此种区分最终又以司法实践为依归，则紧接着需要完成的工作便是民事法律关系与商事法律关系的界分。两种法律关系的区分虽然较之法体系的具体建构属于偏向事实层面的问题（虽然对法律关系的区分不可避免地会涉及评价问题），但是鉴于其作为目的论法体系构成要素的一部分，以及不同的法律关系类型之间所内含的不同评价，对这一区分进行讨论就不仅必要而且可能。法律关系的鉴别固然可以从主体、客体及内容三方面加以考察，但私法上的法律关系在客体方面难以形成民、商的差别，在内容方面则多取决于实定法所确认的法律关系之内容，难以承担法律关系类型区分的任务。因此，出于从简便及逻辑一贯的考虑，笔者最终选取法律主体作为两种法律关系识别的基准。商事主体在客观方面表现为持续为商事之营业或资本之运营，主观方面则表现为以营利（是否将其利得分配给出资人则在所不问）为目的。当然，在我们已建立相当规模私法秩序的背景下，商事法律关系的认定也可以经由制定法的特别评价（例如表见商人）而实现。而超越于商事主体基本特征及制定法既有评价之外商事主体（例如形式商人）性质之认定，则取决于立法者的法政策考量。

在法律关系认定的基础上，如果认为基于商事主体及其相互往来建立相应的法体系，则该体系之下所应当涵盖的规范群，都属于商法法源的范畴。诚然，在商事交易法领域，商人的习惯、习惯法是形塑制定法的重要法源，但是，作为法源的制定法的发生毕竟需要过程，如果不存在相应的习惯法，也不存在立法者的立法承认，此时，法律适用过程仍面临着无可避免的问题：当商事纠纷业已发生时，法官当依循何种法的形成性渊源进行法的发现？前述商法的法源，究竟通过何种诫命得以表达，并为进一步的教义学工作奠定基础？笔者将此一教义学任务交由商事交易法的原则来完成。换言之，商法不仅承受来自一般私法中伦理性原则的支配，还承受自身特有的法律原则的支配。但是在商法领域，不仅一般私法领域的原则需要与商事事实相结合才能完成其具体化，商事交易法本身具有的大量技术性原则，也时刻处于原则之间的协力、相互限制等关系之中，并由此对商事交易法的法律续造发挥指引功能。

如本书在绪论中就已论述，民法与商法的关系不仅涉及制定法的模式选择，也涉及两者在法学上的理解与构造。笔者无意就前者进行论述。不过，无论立法作何种选择，民法与商法在体系上的把握永远是无法回避的司法实践与学术问题。查士丁尼的《法学总论》在开篇就说："法律的基本原则是：诚实做人，无害他人，各得其所。"若说本书有其最终目标，则所求无非在私法的体系内，使民事主体与商事主体能够在法律的评价中"各得其所"罢了。

参考文献

一、中文类

（一）著作类

董安生:《民事法律行为》，中国人民大学出版社 2002 年版。

范健、王建文:《商法基础理论专题研究》，高等教育出版社 2005 年版。

樊涛:《中国商法总论》（第 3 版），法律出版社 2021 年版。

顾功耘主编:《商法教程》（第 2 版），上海人民出版社、北京大学出版社 2006 年版。

韩世远:《合同法总论》（第 3 版），法律出版社 2011 年版。

黄茂荣:《法学方法与现代民法》，中国政法大学出版社 2001 年版。

蒋大兴:《公司法的展开与评判——方法·判例·制度》，法律出版社 2001 年版。

梁慧星:《民法总论》,法律出版社 2011 年版。

柳经纬、刘永光编著:《商法总论》,厦门大学出版社 2004 年版。

马俊驹、余延满:《民法原论》(第 4 版),法律出版社 2010 年版。

彭真:《在民法座谈会上的讲话》,载《彭真文选(一九四一——一九九〇年)》,人民出版社 1991 年版。

施天涛:《商法学》(第 6 版),法律出版社 2020 年版。

王保树:《商法总论》,清华大学出版社 2007 年版。

王保树主编:《商法》,法律出版社 2005 年版。

王作全主编:《商法学》(第 4 版),北京大学出版社 2017 年版。

谢怀栻:《应该研究台湾的民商法与经济法》,载《谢怀栻法学文选》,中国法制出版社 2002 年版。

张谷:《写在〈民法总则讲要〉的前边》,载谢怀栻:《民法总则讲要》,北京大学出版社 2007 年版。

张民安、龚赛红:《商法总则》(第 2 版),中山大学出版社 2007 年版。

朱庆育:《民法总论》,北京大学出版社 2013 年版。

佟柔主编:《中华人民共和国民法通则简论》,中国政法大学出版社 1987 年版。

佟柔主编:《社会主义商品经济的法律调整》,中国检察出版社 1991 年版。

谢振民编著:《中华民国立法史》,中国政法大学出版社 2000 年版。

杨明刚：《合同转让论》，中国人民大学出版社 2006 年版。

杨桢：《英美契约法论》（第 4 版），北京大学出版社 2007 年版。

周林彬、官欣荣：《我国商法总则理论与实践的再思考：法律适用的视角》，法律出版社 2015 年版。

［德］艾瑞克·G. 菲吕博顿、鲁道夫·瑞切特编：《新制度经济学》，孙经纬译，上海财经大学出版社 1998 年版。

［德］鲍尔、施蒂尔纳：《德国物权法》，申卫星、王洪亮译，法律出版社 2006 年版。

［德］弗朗茨·维亚克尔：《近代私法史：以德意志的发展为观察重点》，陈爱娥、黄建辉译，上海三联书店 2006 年版。

［德］格茨·怀克、克里斯蒂娜·温德比西勒：《德国公司法》（第 21 版），殷盛译，法律出版社 2010 年版。

［德］古斯塔夫·拉德布鲁赫：《法律上的人》，载《法律智慧警句集》，舒国滢译，中国法制出版社 2001 年版。

［德］卡尔·拉伦茨：《德国民法通论》（上、下册），王晓晔、邵建东、程建英等译，法律出版社 2003 年版。

［德］卡尔·拉伦茨：《法学方法论》，陈爱娥译，商务印书馆 2003 年版。

［德］罗伯特·阿列克西：《法、理性、商谈：法哲学研究》，朱光、雷磊译，中国法制出版社 2011 年版。

［德］齐佩利乌斯：《法学方法论》，金振豹译，法律出版社 2009 年版。

［德］施密特·阿斯曼：《秩序理念下的行政法体系建构》，林明锵等译，北京大学出版社 2012 年版。

〔德〕维尔纳·弗卢梅:《法律行为论》,迟颖译,法律出版社 2013 年版。

〔美〕艾伦·R.帕尔米特:《公司法:案例与解析》(第 4 版),中信出版社 2003 年版。

〔美〕罗纳德·哈里·科斯:《企业、市场与法律》,盛洪、陈郁译校,格致出版社、上海三联书店、上海人民出版社 2009 年版。

〔美〕O.哈特:《企业、合同与财务结构》,费方域译,上海三联书店、上海人民出版社 2006 年版。

〔美〕约翰·罗尔斯:《正义论》,何怀宏、何包钢、廖申白译,中国社会科学出版社 1988 年版。

〔美〕约翰·亨利·梅利曼:《大陆法系》,顾培东、禄正平译,法律出版社 2004 年版。

〔日〕山本敬三:《民法讲义Ⅰ:总则》,解亘译,北京大学出版社 2004 年版。

〔日〕松波仁一郎:《日本商法论》,秦瑞玠、郑钊译述,中国政法大学出版社 2005 年版。

〔日〕落合诚一:《公司法概论》,吴婷等译,法律出版社 2011 年版。

〔日〕神田秀树:《公司法的精神》,朱大明译,法律出版社 2016 年版。

〔日〕星野英一:《私法中的人》,王闯译,中国法制出版社 2004 年版。

〔苏联〕B.格里巴诺夫、C.M.科尔涅耶夫:《苏联民法》(上册),中国社会科学院法学研究所民法经济法研究室译,法律出版社 1984 年版。

［英］保罗·戴维斯、莎拉·沃辛顿：《现代公司法原理》（上 册），罗培新等译，法律出版社 2016 年版。

（二）论文类

邓峰：《中国法上董事会的角色、职能及思想渊源：实证法的考察》，载《中国法学》2013 年第 3 期。

黄辉：《对公司法合同进路的反思》，载《法学》2017 年第 4 期。

江必新：《商事审判与非商事民事审判之比较研究》，载《法律适用》2019 年第 15 期。

蒋大兴：《公司法中的合同空间——从契约法到组织法的逻辑》，载《法学》2017 年第 4 期。

雷磊：《法律概念是重要的吗》，载《法学研究》2017 年第 4 期。

李志刚、徐式媛：《民、商案件之区分：反思与重构》，载最高人民法院民事审判第二庭主编：《商事审判指导》（总第 35 辑），人民法院出版社 2014 年版。

梁上上：《制度利益衡量的逻辑》，载《中国法学》2012 年第 4 期。

梁上上：《异质利益衡量的公度性难题及其求解——以法律适用为场域展开》，载《政法论坛》2014 年第 4 期。

林来梵：《民法典编纂的宪法学透析》，载《法学研究》2016 年第 4 期。

罗培新：《公司法强制性与任意性边界之厘定：一个法理

分析框架》，载《中国法学》2007 年第 4 期。

梅仲协：《商事法之特征》，载《法令月刊》1941 年第 4 期。

彭春、孙国荣：《大民事审判格局下商事审判理念的反思与实践——以基层法院为调查对象》，载《法律适用》2012 年第 12 期。

钱玉林：《分期付款股权转让合同的司法裁判——指导案例 67 号裁判规则质疑》，载《环球法律评论》2017 年第 4 期。

钱玉林：《商法漏洞的特别法属性及其填补规则》，载《中国社会科学》2018 年第 12 期。

沈竹莺：《公司监事兼任高管的法律后果及其勤勉义务》，载《人民司法（案例）》2011 年第 2 期。

王文胜：《论营业转让的界定与规制》，载《法学家》2012 年第 4 期。

汪洋：《私法多元法源的观念、历史与中国实践〈民法总则〉第 10 条的理论构造及司法适用》，载《中外法学》2018 年第 1 期。

夏小雄：《私法商法化：体系重构及制度调整》，载《法商研究》2019 年第 4 期。

解亘：《格式条款内容规制的规范体系》，载《法学研究》2013 年第 2 期。

薛启明：《有限责任公司隐名股东法律问题试析》，载《山东审判》2007 年第 3 期。

许可：《董事会与股东会分权制度研究》，载《中国法学》2017 年第 2 期。

俞秋玮、贺幸：《商事裁判理念对审判实践影响之探析》，载最高人民法院民事审判第二庭主编：《商事审判指导》（总第35辑），人民法院出版社2014年版。

于飞：《公序良俗原则与诚实信用原则的区分》，载《中国社会科学》2015年第11期。

于莹：《民法基本原则与商法漏洞填补》，载《中国法学》2019年第4期。

张谷：《商法，这只寄居蟹——兼论商法的独立性及其特点》，载《清华法治论衡》2005年第6辑。

张谷：《从民商关系角度谈〈民法总则〉的理解与适用》，载《中国应用法学》2017年第4期。

张双根：《论股权让与的意思主义构成》，载《中外法学》2019年第6期。

赵磊：《公司诉讼中的法律解释——以隐名股东法律问题为例》，载《西南民族大学学报（人文社会科学版）》2013年第2期。

朱慈蕴、沈朝晖：《不完全合同视角下的公司治理规则》，载《法学》2017年第4期。

朱虎：《表见代理中的被代理人可归责性》，载《法学研究》2017年第2期。

庄加园：《〈合同法〉第79条（债权让与）评注》，载《法学家》2017年第3期。

［德］托马斯·莱塞尔：《新变更法视角下的共同共有与法人》，徐同远译，载《中德私法研究：共同共有》（第14卷），北京大学出版社2017年版。

［德］维尔纳·弗卢梅:《合伙与合手》，金晶译，载《中德私法研究：共同共有》(第 14 卷)，北京大学出版社 2017 年版。

二、外文类

(一) 著作类

Arthur Kaufmann, Analogie und "Natur der Sache", 2. Aufl., 1982.

Brox/Henssler, Handelsrecht, 22. Aufl., 2016.

Christoph Reymann, Das Sonderprivatrecht der Handels- und Verbraucherverträge: Einheit, Freiheit und Gleichheit im Privatrecht, 2009.

Claus-Wilhelm Canaris, Die Vertrauenshaftung im deutschen Privatrecht, 1971.

Claus-Wilhelm Canaris, Systemdenken und Systembegriff in der Jurisprudenz, 2. Aufl., 1983.

Claus-Wilhelm Canaris, Bewegliches System und Vertrauensschutz im rechtsgeschäftlichen Verkehr, in: Bydlinski/Krejci/Schilcher/Steininger (Hrsg.), Das Bewegliches System im gelenden und künftigen Recht, 1985.

Claus-Wilhelm Canaris, Handelsrecht, 23. Aufl., 2000.

Franz Bydlinski, Handels- oder Unternehmensrecht als Sonderprivatrecht, 1990.

Franz Bydlinski, Juristische Methodemlehre und Rechtsbegriff, 2. Aufl., 1991.

Franz Bydlinski, System und Prinzipien des Privatrechts, 1996.

Franz-Joseph Peine, Das Recht als System, 1983.

Friedrich Carl von Savigny, Vom Beruf unserer Zeit für Gesetzgebung und Rechtswissenschaft, 1814.

Gustav Radbruch, Rechtsphilosophie, 2. Aufl., 2003.

Hannes Unberath, Die Vertragsverletzung, 2007.

Hansjörg Pohlmann, Die Quellen des Handelsrechts, in: Coing (Hrsg.), Handbuch der Quellen und Literatur der Neueren europäischen Provatrechtsgeschichte, 1973.

Hartmut Oetker, Handelsrecht, 7. Aufl., 2015.

Jacob Riesser, Der Einfluss handelsrechtlicher Ideen auf den Entwurf eines bürgerlichen Gesetzbuchs für das Deutsche Reich, 1894.

Josef Esser, Vorverständnis und Methodenwahl in der Rechtsfindung, 1965.

Josef Esser, Grundsatz und Norm in der richterlichen Fortbildung des Privatrechts: rechtsvergleichende Beiträge zur Rechtsquellen- und Interpretationslehre, 1990.

Jürgen Habermas, *On the Pragmatics of Social Interaction*, translated by Barbara Fultner, Cambridge: The MIT Press, 2001.

Karsten Schmidt, Zivilistische Rechtsfiguren zwischen Rechtsdogmatik und Rechtspolitik, in: Karsten Schmidt (Hrsg.), Rechtsdogmatik und Rechtspolitik: Hamburger Ringvorlesung, 1990.

Karsten Schmidt, Gesellschaftsrecht, 4. Aufl., 2002.

Karsten Schmidt, Handelsrecht: Unternehmensrecht I, 6. Aufl., 2014.

Karl Larenz, Richtiges Recht: Grundzüge einer Rechtsethik, 1979.

Larenz/Wolf, Allgemeiner Teil des bürgerlichen Rechts, 9. Aufl., 2004.

Larenz/Canaris, Methodenlehre der Rechtswissenschaft, 3. Aufl., 1995.

Levin Goldschmidt, Universalgeschichte des Handelsrechts, 1891.

Ludwig Raiser, Rechtsschutz und Institutionenschutz im Provatrecht, in: Summum ius Summa Iniuria: Individualgerechtigkeit und der Schutz allgemeiner Werte im Rechtsleben, 1963.

Niklas Luhmann, Rechtssystem und Rechtsdogmatik, 1974.

Peter Raisch, Die Abgrenzung des Handelsrechts vom Bürgerlichen Recht als Kodifikationsproblem im 19. Jahrhundert, 1962.

Peter Raisch, Geschichtliche Voraussetzungen, dogmatische Grundlagen und Sinnwandlung des Handelsrechts, 1965.

Ralf Dreier, Probleme der Rechtsquellenlehre: Zugleich Bemerkungen zur Rechtsphilosophie Leonhard Nelsons, in: Fortschritte des Verwaltungsrechts: FS für Hans J. Wolff zum 75. Geburtstag, hrsg. von Christian–Friedrich Menger, München: C. H. Beck, 1973.

Reinier Kraakman, et al., *The Anatomy of Corporate Law: A Comparative and Functional Approach*, 2rd ed., Oxford University

Press, 2009.

Robert Alexy, Begriff und Geltung des Rechts, 2020.

Rüthers/Fischer/Birk, Rechtstheorie mit juristischer Methodenlehre, 7. Aufl., 2013.

Simon Pfefferle, Die Anwendbarkeit des AGB-Rechts auf Verträge auf dem Gebiet des Gesellschaftsrechts, 2013.

Stefan Weber, Das Prinzip der Firmenwahrheit im HGB und die Bekämpfung irreführender Firmen nach dem UWG, 1985.

Theodor Viehweg, Topik und Jurisprudenz: Ein Beitrag zur rechtswissenschaftlichen Grundlagenforschung, 4. Aufl., 1969.

Thilo Kuntz, Gestaltung von Kapitalgesellschaften zwischen Freiheit und Zwang, 2016.

Thomas W. Wälde, Juristische Folgenorientierung, 1979.

Wolf/Neuner, AT des Bürgerlichen Rechts, 11. Aufl., 2012.

Wolfram Müller-Freienfels, Zur "Selbständigkeit" des Handelsrechts, in: FS für Ernst von Caemmerer (70. Gebtg.), 1978.

Wilhelm Endemann, Handbuch des deutschen Handels-, See- und Wechselrechts, 1881.

Winfried Hassemer, Dogmatik zwischen Wissenschaft und richterlicher Pragmatik, in: Gregor Kirchhof, Stefan Magen und Karsten Schnneider (Hrsg.), Was weiß Dogmatik: Was leistet und wie steuert die Dogmatik des Öffentlichen Rechts?, 2012.

（二）论文类

András Fögen, Eine alternative Annäherungsweise: Gedanken zum Problem des Handelsrechts in der römischen Welt, RIDA 2001（48）.

Dagmar Coester-Waltjen, Die Inhaltskontrolle von Verträgen außerhalb des AGBG, AcP, 1990（190）.

Friedrich Carl von Savigny, Ueber den Zweck dieser Zeitschrift, ZGR, 1815（1）.

Geoffrey Samuel, *Civil and Commercial Law: A Distinction Worth Making?*, 102 L. Q. R. 584（1986）.

Gunther Teubner, Folgenkontrolle und responsive Dogmatik, Rechtstheorie, 1975（6）.

Horst Eidenmüller, Rechtsanwendung, Gesetzgebung und ökonomische Analyse, AcP, 1997（197）.

Horst Eidenmüller, Kapitalgesellschaftsrecht im Spiegel der ökonomischen Theorie, JZ, 2001.

Horst Bartholomeyczik, Äquivalenzprinzip, Waffengleichheit und Gegengewichtsprinzip in der modernen Rechtsentwicklung, AcP, 1966（166）.

Karsten Schmidt, Gesetzgebung und Rechtsfortbildung im Recht der GmbH und der Personengesellschaften, JZ, 2009.

Kristoffel Grechenig/Martin Gelter, Divergente Evolution des Rechtsdenkens-Von anmrikanischer Rechtsökonomie und deutscher Dogmatik, RabelsZ, 2008（72）.

Leon E. Trakman, *The Evolution of the Law Merchant: Our*

Commercial Heritage, 12 J. Mar. L. & Com. 4（1980）.

Levin Goldschmidt, Die Codifikation des Deutschen bürgerlichen und handels-Recht, ZHR, 1874（20）.

Matthias Jestaedt, Wissenschaft im Recht: Rechtsdogmatik im Wissenschaftsvergleich, JZ 2014.

Peter O. Mülbert, Einheit der Methodenlehre?—Allgemeines Zivilrecht und Gesellschaftsrecht im Vergleich, AcP, 2014（214）.

Philip Warren Thayer, *Comparative Law and the Law Merchant*, 6 Brook L. Rev. 139, 1936.

Philipp von Heck, Weshalb besteht ein von dem bürgerlichen Rechte gesondertes Handelsprivatrecht?, AcP, 1902（92）.

Reinhold Zippelius, Rechtsphilosophische Aspekte der Rechtsfindung, JZ, 1976.

Schmidt-Rimpler, Grundfragen einer Erneuerung des Vertragsrechts, AcP, 1941（141）.

Ulrich Huber, Die Praxis des Unternehmenskaufs im System des Kaufrechts, AcP, 2002（20）.

后　记

　　我国私法制度，自清季变法以降，于民法方面，已渐臻发达。其文章人物，取法欧西及日、美等国而卓然自成者，不一而足。惟商法学说，多年来纠缠立法，犹如暗中索物，尚显湛寂。至于民、商关系，则因历史与实证法上的种种问题，制度彼此相生相错，而论者往往疏于直观，执相徇名，故其理更未易明。

　　孔子曾"恶紫之夺朱"也。厘清民、商，就如同于名相之上辨乎紫、朱，其陈义不可谓不高。然其积之不久者，则其发之必不宏，故搦管而著为文章，总须书读百卷，继以精思。如此多闻阙疑，方能钩深致远、穷微洞本。但作者性素疏懒，虽有严师多年庭训，耳提面命，幸得声闻妙法，但毕竟学识谫陋，智虑尚浅。不仅从闻而得者有鲁鱼亥豕之误，自以为思维而得者，也难免率尔操觚之诘。因此，作者在此无从侥言民、商关系之论述业已完备，但求能以此为私法体系之完善有所裨益，并以此求教于士林。

　　本书系作者博士论文之一部。其内容几经删修，除部分曾刊载于《法学研究》《中外法学》等期刊外，余者尚有加强之余地。究其原因，盖在作者于学问一事，只有求是精神，向无拼命精神，且常有得过且过之念。本书成功部分，除作者有刹那的"灵光闪现"之外，多得益于与导师梁上上老师、张谷老师及郑观老师的闲谈与赐教。本书的最终出版，得益于知识产权出版社庞从容老师的专业、辛勤编辑。此外，谈天同学曾经帮我阅读文稿，并修改脚注格式，于此一并致谢。